입시를 책임지는
초3 수학 캠프

고학년 되기 전, 상위 1% 수학머리를 완성하라

입시를 책임지는
초3☆수학☆캠프

류승재 지음

21세기북스

· 프롤로그 ·

수능 1등급의 뿌리,
초등 3학년 수학!

최근에 일론 머스크의 전기를 읽었다. 꿈을 꾸는 걸 넘어서 그걸 실제로 만들어내는 걸 보았다. 내가 젊었을 때 그를 알았더라면 같이 일하고 싶다는 생각까지 들 정도였다.

그가 앞으로 10년 안에 이루겠다고 장담하는 것들을 보면 정말 놀랍다. 화성을 개척해서 인류를 멸망 위기에서 구하고, 운전자 없는 완전 자율주행차로 차를 소유할 필요 없는 세상을 만들고, 집집마다 저렴한 휴머노이드 로봇을 보급해서 우리가 평생 편안하게 은퇴 생활을 즐기게 해준다니!

지금까지 일론 머스크가 해온 일들이나 현재 과학 기술 발전 속도를 보면, 그의 계획이 정말 현실이 될 수도 있겠다는 생각이

든다. 그렇다면 우리 아이들이 살아갈 미래는 완전히 달라질 것이다. 인공지능과 로봇이 대부분의 일을 대신하고, 인간보다 훨씬 똑똑한 인공지능이 많은 문제들을 해결해줄 것이다. 요즘 유행하는 초등 의대 준비반도 의미 없어질지 모른다. 일론 머스크는 의사보다 훨씬 뛰어난 로봇이 수술까지 척척 해내면서 의사를 대체할 거라고 했다.

한 치 앞을 내다보기 힘들 정도로 세상이 격변하고 있는데, 우리는 우리 아이들에게 뭘 가르쳐야 할까? 도대체 어떤 방향으로 준비해야 미래 사회에 꼭 필요한 인재가 될 수 있을까?

솔직히 잘 모르겠다. 인공지능과 로봇이 많은 일을 대신한다면, 우리 인간은 뭘 해야 할까? 하지만 확실한 것은 뇌 과학자나 미래학자들 대부분이 단순히 정보나 지식을 머릿속에 넣어주는 교육은 더 이상 의미가 없을 거라고 말한다는 것이다. 정보나 지식은 인공지능이 쉽게 해결해줄 수 있기 때문이다. 하지만 인간 고유의 '생각하는 능력'만큼은 인공지능이 따라올 수 없다고 한다. 그래서 미래 시대를 대비하는 교육으로 다른 것은 몰라도, 수학만큼은 꼭 시켜야 한다고 강조한다. 미래 시대의 가장 강력한 경쟁력은 바로 수학 실력이 될 거라는 것이다.

왜 미래학자들은
수학만이 중요하다고 할까?

그 이유는 수학이 유일하게 '생각하는 능력'을 제대로 키워주기 때문이다. 물론 다른 과목들도 생각하는 힘을 길러주긴 하지만, 수학만큼 효과적인 과목은 없다고 한다. 수학의 개념과 논리 체계는 컴퓨터 프로그램의 명령어와 비슷하다. 수학에서 어려운 문제를 풀어나가는 과정은 우리가 인생에서 힘든 일을 겪고 극복하는 과정과 아주 비슷하다. 그래서 수학 공부를 하다 보면 자연스럽게 논리적인 사고력이 길러지고, 어려운 문제에 닥쳤을 때 해결할 수 있는 능력이 자라난다.

똑같은 일을 맡겨도 수학을 잘했던 사람들은 일 처리 방식이 확실히 다르다. 좀 더 효율적이고 체계적으로 일을 처리해서, 하나를 시키면 두세 개 이상의 결과를 만들어낸다. 그래서 세계적인 기업들일수록 수학 전공자를 직원으로 뽑으려고 한다. 컴퓨터 관련 회사에서도 수학을 전공하고 컴퓨터를 부전공으로 공부한 사람들을 더 선호한다고 한다.

이런 이유 때문에 명문 대학교일수록 입시에서 수학을 아주 중요한 평가 기준으로 삼는다. 심지어 수학이 별로 필요 없을 것

같은 문과 학생들조차 수학을 못하면 좋은 대학에 가기 어려워지는 상황이다. 왜냐하면 수학을 잘하는 학생일수록 대학교에서 배우는 어떤 학문이든 잘 해낼 수 있는 능력을 갖추고 있다고 판단하기 때문이다. 우리가 흔히 '수능'이라고 부르는 대학수학능력시험은 말 그대로 대학에서 학문을 제대로 수행할 능력이 있는지 없는지를 평가하는 시험이다. 수능 전 과목을 준비할 때도, 수학 공부 자체가 다른 과목 공부에도 큰 도움이 된다.

그렇다면 제대로 된 수학 공부는 언제부터 시작해야 할까?

초등학교 1~2학년 때는 주로 덧셈, 뺄셈 같은 기본적인 계산 능력을 배운다. 진짜 '수학' 공부는 초등학교 3학년부터 시작된다고 할 수 있다. 3학년 수학에서 아이들은 본격적으로 수학의 개념들을 배우기 시작하고, 논리적으로 생각하는 힘을 키우게 된다. 게다가 3학년 수학은 초등 수학 전체의 중요한 개념들을 다룬다. 수와 관련해서는 자연수, 분수, 소수를 배우고, 연산에서는 가장 어렵다는 나눗셈까지 배우면서 사칙연산을 모두 익히게 된다. 도형에서는 여러 가지 평면도형을 배운다. 이렇게 초등 수학의 기초를 탄탄하게 다지는 시기이기 때문에, 3학년 때 수학을 어려워하면서 '수포자(수학 포기자)'가 생겨나기도 한다. 1~2학년 때보다 갑자기 어려워진 3학년 수학을 따라가지 못하고, 그 어려움이 쌓여서 4~5학년까지 이어지는 경우가 많다.

그래서 3학년 수학은 초등 수학 전체 과정에서 가장 중요하다고 해도 과언이 아니다. 단순 반복 암기식 수학에서 벗어나, 하나하나 따져보고 이해하는 진짜 수학을 처음 배우는 시기이기 때문이다. 이때 교과서에 나오는 개념을 제대로 이해하지 못하면 아이들은 수학을 그냥 외우려고만 한다. 이해와 암기가 갈리는 중요한 시점인 것이다. 초3 때 원리를 제대로 이해하지 못하고 암기만으로 공부하면, 중고등학교에 가서 외워야 할 양이 엄청나게 많아지면서 결국 수학을 포기하게 될 가능성이 크다. 안타깝게도 이 시기에 제대로 방향을 잡지 못한 부모님들은 원리와 개념에 대한 충분한 이해보다는 단순 계산 반복 훈련만 시키는 실수를 저지르기도 한다.

이 책은 바로 그런 실수를 하지 않도록 올바른 수학 공부 방향을 제시한다. 특히 3학년 수학의 구체적인 개념들을 어떻게 가르쳐야 하는지에 대해 자세히 다뤘다. 아울러 수학을 잘하고 수능에서 1등급을 받기 위해 꼭 필요한 개념 이해력, 문제 해결 능력, 추론 능력을 어떻게 키워야 하는지에 대해서도 서술했다. 또, 공부 습관을 어떻게 잡아줘야 하는지, 아이들이 수학을 좋아하게 만들려면 어떻게 해야 하는지, 선행 학습과 심화 학습은 어떻게 진행해야 하는지에 대한 로드맵까지 자세하게 담았다. 이 책을 통해 가장 중요한 초3 수학을 우리 아이들이 제대로 공부하고, 수학을 정말 잘하는 아이로 성장하길 바란다.

· 차례 ·

프롤로그 수능 1등급의 뿌리, 초등 3학년 수학! 004

1부 대치동 엄마들은 알고 있는 초등 수학 골든타임

1장 | 왜 강남 엄마들은 초3에 올인할까 016
2장 | 초등부터 고등으로 이어지는 수학 연결고리 022
3장 | 수능 1등급 3대 파워를 완성하는 핵심 습관 5 029
시크릿 가이드 · 01 3학년 되기 전 알아야 할 1~2학년 수학의 기초 042

2부 '수학이 되는 아이'는 학원보다 습관을 먼저 설계했다

1장 | 강남 엄마들이 '습관'에 집중하는 이유 048
2장 | 기적을 만드는 '하루 1시간 수학 루틴' 054
3장 | 무조건 '하게 되는' 30일 미션 059
4장 | 선행보다 중요한 건 따로 있다 065
5장 | 학원 효과를 200% 끌어올리는 법 072
6장 | 압도적 1등급의 7가지 비밀 084
시크릿 가이드 · 02 초등 3학년 수학 실력 진단표 096

3부 수학 공부머리, 타고나는 게 아니라 만들어지는 것이다

1장 | '우리 아이는 수학머리가 없어요'의 진실 100
2장 | 부모의 행동이 오히려 방해가 될 수 있다 105
3장 | 수학 실력을 좌우하는 메타인지 학습법 111
4장 | 수학적 사고력이 폭발하는 문제풀이 4단계 121
5장 | 완전히 '내 것'이 되는 오답 정리법 131
6장 | 수학 사고력을 깨우는 부모의 말 습관 138

시크릿 가이드 · 03 초등 수학 단원별 중요도 145

4부 수학 공부가 이토록 재미있다면

1장 | 수학을 좋아하게 만드는 5가지 비법 150
2장 | 일상 속 수학 원리를 발견하게 하세요 158
3장 | 1일 1페이지 수학 일기 쓰기 166
4장 | 도파민을 부르는 수학 몰입 훈련 172
5장 | 꾸준한 '반복'과 '작은 성공'으로 성장하는 수학 실력 176
6장 | 학습만화와 동화로 친해지는 수학 스토리텔링 180

시크릿 가이드 · 04 수학 정서 체크리스트 183

5부 수능 1등급을 향한 내 아이 수학 공부 10년 설계

1장 | 거북이가 이기는 수학 공부　190
2장 | 속도보다 더 중요한 것은 방향　194
3장 | 수학 잘하는 아이로 키우는 엄마표 수학 지도법　200
4장 | 결국 성적으로 증명된다　207
시크릿 가이드 · 05 초등 수준별 수학 교재 선택 가이드　214

6부 중고등 세 자녀 부모로서 후배 엄마들에게

1장 | 공부 독립, 아이 스스로 수학하는 힘 기르기　220
2장 | 초등 때 이것만은 꼭 시켜라　224
3장 | 초등 수학 공부 시 이런 것은 필요 없다!　233
4장 | 스스로 알아서 하는 공부 독립을 위한 자녀 교육 로드맵　240
시크릿 가이드 · 06 엄마의 궁금증 해결 Q&A　246

7부 중고등 수학을 지배하는 초3 필수 개념 마스터 플랜

- 1장 | 초등 수학, 제대로 알고 가자 256
- 2장 | 초3 교과과정 완전 분석 266
- 3장 | 숫자 감각을 깨우는 '수와 연산' 완전 정복 270
- 4장 | 공간 감각과 사고력을 키우는 '도형' 개념 잡기 277
- 5장 | 생활 속 수학으로 '측정' 개념 쉽게 끝내기 282
- 6장 | 아이의 수학 약점을 극복하는 엄마표 수학 지도 287

시크릿 가이드 · 07 초등 연산 교재 선택 가이드 300

1부

대치동 엄마들은 알고 있는 초등 수학 골든타임

초3 수학은 수학 1등급을 만드는 첫 분기점이다. 분수, 나눗셈, 평면도형 등 초3부터 본격적인 수학 개념이 쏟아진다. 이 시기를 놓치면 수학은 '외우는 과목'이 되고, 아이는 수학의 재미를 알기도 전에 수포자가 된다. 대치동 엄마들이 초3에 집중하는 건 우연이 아니다. 지금 잡아야 앞으로 10년이 편해진다.

· 1장 ·

왜
강남 엄마들은
초3에 올인할까

혹시 '벌써부터 수능이야?'라고 안일하게 생각하는 분이 계실지 모르겠다. 초등 3학년 수학, 왜 그렇게 중요할까? 저학년 때까지 수학은 주로 숫자를 세고 더하고 빼는 정도였을 것이다. 하지만 3학년 수학부터는 교과서 내용이 확 달라진다. 1~2학년 수학이 기초 체력을 다지는 단계였다면, 3학년부터는 본격적인 운동을 시작하는 단계로 들어선다.

3학년 수학, 뭐가 달라지나?

가장 큰 변화는 '생각 수학'으로 교과서의 구조가 바뀐다는 것이다. 1~2학년 때는 단순 연산 위주의 기능 수학과 놀이 수학의 형태였다면, 3학년부터는 '왜 그렇게 되는지'를 고민하고, 여러 방법으로 문제를 해결하는 능력을 키우는 문제들이 등장하기 시작한다. 심지어 사고력 수학 문제집에서나 다룰 법한 창의 융합 수준의 문제들도 있다. 단순히 답을 맞히는 것을 넘어 생각하는 힘을 길러주는 문제들이다.

3학년부터 초등 수학의 핵심 개념들이 쏟아진다

3학년은 초등 학교 수학 전체를 이해하는 데 중요한 시기이다. 초3 수학에서 초등 수학 전반에 대한 개념의 기초를 다지기 때문이다. 자연수, 분수, 소수라는 개념을 배우고, 나눗셈도 처음 배우기 시작한다. 쉽게 말해 수와 연산에 관련된 거의 모든 핵심 개념을 3학년 때 다 배운다고 생각하면 된다.

도형 부분도 마찬가지다. 모든 평면도형을 배우는데, 이 내용이 4학년~6학년까지 계속 확장되며 더 깊이 있게 다뤄진다. 3학년 때 도형 개념을 제대로 잡아두어야 앞으로 도형 공부가 훨씬 쉬워진다.

3학년 수학을 잘하면
앞으로 수학이 쉬워진다

따라서 3학년 수학이 초등 수학에서 가장 중요한 시기라고 할 수 있다. 3학년 수학을 탄탄하게 다져놓으면 이후 초등 수학을 계속 잘할 가능성이 높아진다. 시중에 있는 심화 교재들을 보면, 신기하게도 3학년 문제집이 가장 어렵다고 느껴질 것이다. 왜냐하면 3학년 때 초등 수학의 거의 모든 개념들을 다 배우고, 심화 교재에는 초등 전반에 걸친 심화 내용이 들어 있기 때문이다.

그러므로 교과서를 중심으로 3학년 수학 개념을 완벽하게 이해하는 것이 중요하다. 이를 토대로 시중 심화 교재를 소화할 수 있다면, 4학년부터는 수학 심화 학습도 마치 이미 배운 내용을 복습하는 것처럼 느껴져 수월해진다.

초등학생들이 수학을 어려워하기 시작하는 시기를 보면, 3학년이 약 34%, 4학년이 약 42%라는 통계가 있다. 우연한 결과가 아니다. 3학년부터 갑자기 어려워진 수학에 아이들이 제대로 적응하지 못해서 4학년까지 학습 부진이 지속되는 경우가 많기 때문이다.

수포자가 생기는 첫 번째 고비, 3학년 수학!

어떻게 보면 3학년 수학은 수학을 포기하는 학생, 즉 '수포자'가 생기는 시작점이라고 할 수 있다. 이런 것을 너무나 잘 알기에 강남 엄마들은 초3 수학에 집중한다. 초3 수학만 제대로 잡아놓으면 초등 수학 전체의 기초를 튼튼하게 만들 수 있고, 더 나아가 중고등학교 수학을 위한 기반까지 마련할 수 있기 때문이다.

특히 3학년 수학은 단순히 눈으로 보고 이해하는 직관적 이해를 넘어 수학적 약속과 계산 알고리즘을 배우는 단계이다. 계산 알고리즘을 익히기 위해서는 충분한 연습이 필요하고, 수학적 약속을 이해하기 위해서는 논리적이고 체계적인 사고 과정이 중요하다. 3학년 수학은 아이들이 수학을 수학답게, 진짜 '수학'을 처음으로 제대로 배우기 시작하는 단계라고 할 수 있다.

2022 교육 과정 개편, 3학년 수학은 어떤 내용?

2022 교육 과정 개편으로 초등 수학은 크게 4가지 영역으로 구분된다. 수와 연산, 도형과 측정, 변화와 관계, 자료와 가능성이다. 3학년 때 배우는 내용은 수(분수/소수), 연산(덧셈/뺄셈/곱셈/나눗셈), 도형(평면도형/원), 측정(길이와 시간/들이와 무게), 자료(그림 그래프)이다.

영역	단원	중등 연계	고등 연계
수와 연산	분수	중1 정수와 유리수	공수2 유리함수
	소수	중2 유리수와 순환소수	
	덧셈/뺄셈 곱셈/나눗셈	중1 문자와 식 중2 식의 계산	공수1 다항식의 연산
도형과 측정	평면도형	중1 평면도형의 성질 중2 삼각형의 성질 중2 사각형의 성질	기하 평면 벡터
	원	중3 원의 성질	공수2 도형의 방정식
	길이와 시간	중1 방정식의 활용	대수 도함수의 활용
	들이와 무게		
자료와 가능성	그림 그래프	중1 통계	확통 확률분포

표 | 초3 수학과 중고등 수학의 연계
* 공수1: 공통수학1(고1 1학기), 공수2: 공통수학2(고1 2학기), 대수(고2 1학기)
* 확통: 확률과 통계(고3 1학기), 기하(고2/고3 선택과목)

표에서 보듯이 3학년 수학은 중고등 수학과 연계성이 높다. 그러나 내용적인 연계보다 더욱 중요한 것은, 3학년 수학을 성실히 공부하면서 얻게 되는 학습 능력이다.

나눗셈과 분수의 개념적 이해는 고등 수학까지 봤을 때도 꽤 어려운 수준이다. 아이들이 등분제와 포함제 나눗셈의 개념, 나눗셈과 곱셈의 관계, 등분할과 이산량 분수의 개념을 제대로 이해한다면, 앞으로 수능까지 가는 과정에서 웬만한 개념들은 다 이해할 수 있는 개념 이해력을 갖게 된다.

수와 연산의 응용/심화 학습은 중고등 수학의 방정식이나 부등식 활용 문제를 자신있게 푸는 데 크게 도움이 된다. 평면도형과 원에 대한 심화 학습은 중고등 도형 문제를 잘 풀기 위한 기본 토대가 된다.

따라서 초3 수학을 교과서 위주로 개념 학습을 꼼꼼히 하고, 시중 문제집을 이용해 심화 학습까지 해낸다면, 수능 1등급을 받는 데 필요한 이해력, 문제 해결력, 추론 능력을 키울 수 있는 튼튼한 기반을 마련하게 될 것이다. 3학년 수학이 정말 중요하다.

· 2장 ·

초등부터 고등으로 이어지는 수학 연결고리

3학년 수학은 부모님도 아이들도 꽤나 힘들어하는 시기이다. 초3 수학에서 아이들이 가장 어려워하는 파트는 어디일까? 한국초등수학교육학회 논문에 따르면, 규칙성과 문제 해결 부분을 가장 어려워한다고 한다. 무려 절반 가까이 되는 아이들이 규칙성과 문제 해결을 가장 어렵다고 꼽았다.[1]

도형 파트 역시 아이들이 항상 어려워하는 부분인데, 초등학생들뿐만 아니라 중학생, 고등학생, 심지어 대학교에서도 늘 어려운 존재다. 수학 전공자들 사이에서도 대학원에서 수학을 깊게 공부할 때 기하학은 피하고 싶어 할 정도라고 하니 말 다 했다. 기하를 잘

---

[1] 초3 수학에서 아이들이 가장 어려워하는 부분: 규칙성과 문제 해결(48.6%), 수와 연산(22.9%), 도형(14.3%), 한국초등수학교육학회.

하는 사람은 천재라는 말까지 있을 정도니 말이다. 그러니 초3 아이들이 도형을 어려워하는 것은 어쩌면 당연한 일일지 모른다. 신기하게도 어렸을 때부터 블록이나 레고, 큐브, 종이접기 등을 자주 한 아이들은 도형을 어려워하지 않고 재미있어하는 경향이 있다.

수와 연산은 왜 어려워할까? 바로 나눗셈과 분수 때문이다. 물론 2학년 때 곱셈의 원리를 제대로 이해하지 못했거나 곱셈 구구를 정확히 암기하지 못했다면 두 자릿수 곱셈부터 힘들어할 수 있다. 하지만 초3 수학에서 아이들이 가장 어려워하는 파트는 단연 나눗셈과 분수이다.

나눗셈, 곱셈과 뭐가 그렇게 다를까?

아이들이 곱셈에 비해 나눗셈을 어려워하는 이유는 뭘까? 곱셈은 원리가 간단하다. 동수누가, 즉 똑같은 수를 여러 번 더하는 것을 곱셈으로 간단히 표현한 것이다. 예를 들어 2+2+2를 곱셈으로 나타내면 2×3이 되는 것처럼, 2를 3번 더한 것을 곱셈으로 나타낸다고 생각하면 이해하기 편하다. 이런 이해를 바탕으로 아이들은 5×3과 5×4의 차이가 5란 것을, 실제 계산을 해서 15와 20의 차이를 구하는 것이 아니라, 5가 곱해진 횟수를 가지고 바로 알 수 있어야 한다.

그런데 나눗셈은 설명하는 원리가 무려 3가지나 된다.

첫 번째, 등분제 나눗셈(나눠 갖기)이다. 이것은 분수의 개념과 연계된다. 똑같이 나눈다는 개념이다. 예를 들어 "사과 10개를 2개의 접시에 똑같이 나누어 담으면 한 접시에 5개씩 담을 수 있다"를 수식으로 나타내면 10÷2=5가 된다.

두 번째, 포함제 나눗셈(묶음 만들기)이다. 똑같은 수를 계속 빼는 동수누감 개념이다. 10−2−2−2−2−2=0이므로, 10은 2를 5번 포함하고 있다는 뜻이다. 이것을 수식으로 나타내면 역시 10÷2=5가 된다.

아이들은 수식으로 표현된 10÷2=5를 보고 이것을 등분제와 포함제로 나누어 설명할 수 있어야 한다. 아래 그림을 보면 똑같은 수식인 10÷2=5가 그림으로 나타내면 서로 다른 모양이 됨을 알 수 있다.

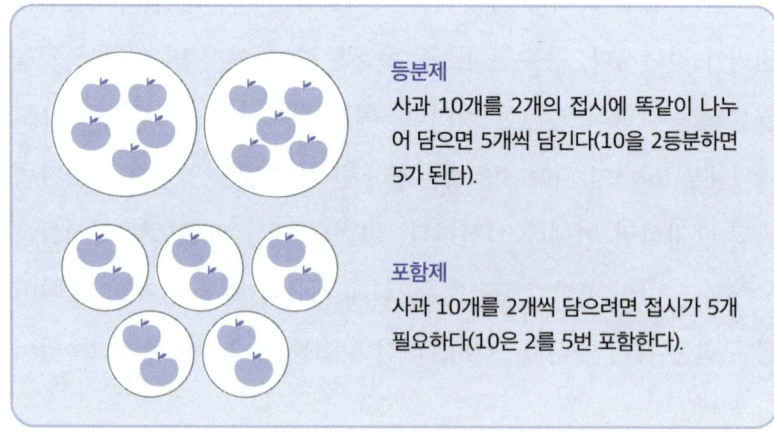

등분제
사과 10개를 2개의 접시에 똑같이 나누어 담으면 5개씩 담긴다(10을 2등분하면 5가 된다).

포함제
사과 10개를 2개씩 담으려면 접시가 5개 필요하다(10은 2를 5번 포함한다).

세 번째, 역연산으로서의 나눗셈(곱셈의 반대) 개념이다. 이것은 '☐×2=10이면 ☐는 5이다'와 같이 곱셈을 거꾸로 생각하는 것이다.

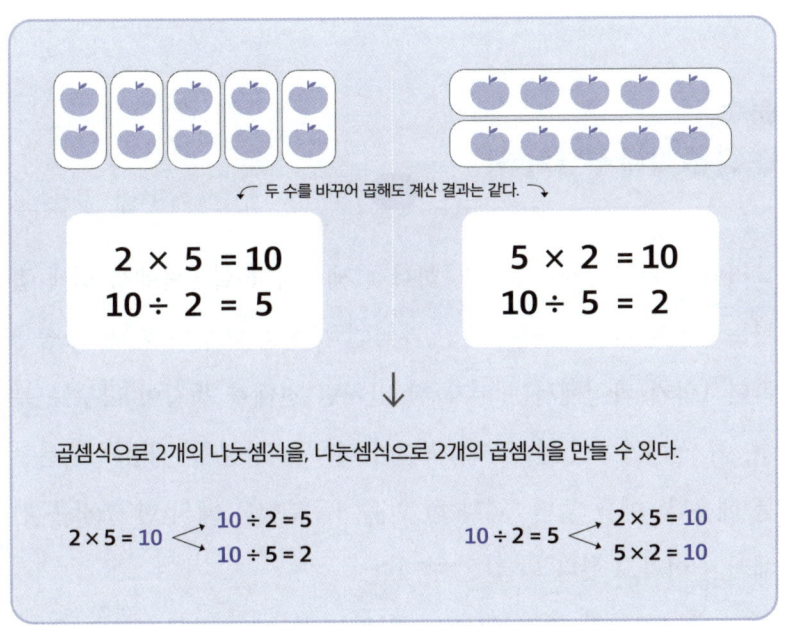

여기까지가 초3 학생들이 이해해야 하는 개념인데, 정말 쉽지 않다. 초2 때와는 난이도 자체가 다르다. 여기서 아이들이 나눗셈의 세 가지 의미와 원리를 어렵다고 그냥 넘어가버리면 어떻게 될까? 개념과 원리는 모른 채 반복 연습만 하면서 계산하는 연산으로서의 수학만 익히게 된다. 수학을 이해하는 과목이 아니라 단순 암기 과목으로 받아들이게 되는 것이다. 왜 그런지 따져보고 생각하면서 공부하는 게 아니라, 모든 것을 약속같이 암기해야 하는 과목이 되어버리는 것이다. 이렇게 되면 수학은 더 이상 재미있는 과목이 아니라, 외울 것만 많고 지루한 과목이 되고 만다.

분수, 또 다른 벽에 부딪히다!

그러나 여기서 끝이 아니다. 하나둘 세어가며 실생활에서 쉽게 접하는 자연수가 아닌 추상적인 개념인 분수를 배우게 된다. 초등 3학년 1학기 과정에서는 피자 한 판처럼 전체를 똑같이 나누는 분수, 즉 전체가 1인 연속량을 똑같이 나누는 '등분할' 개념으로 분수를 배운다. 예를 들면 "피자 한 판을 3등분했을 때의 한 조각을 전체의 $\frac{1}{3}$이라고 한다"와 같은 형태다.

3학년 2학기 과정에서는 이산량(셀 수 있는 양) 분수를 배운다. 1학기 때 배운 분수가 피자 한 판에 대해서 다룬다면, 2학기에는 피자 여러 판에 대해서 다룬다는 의미이다. 아이들은 이러한 이산량에서 다루는 분수를 더 어려워한다.

예를 들어 $\frac{2}{6}$와 $\frac{1}{3}$은 약분하면 같지만, 이렇게 연산의 관점으로만 분수를 접하게 하면 오개념이 생길 수 있다. 사과 12개를 기준으로 생각하면 $\frac{2}{6}$나 $\frac{1}{3}$은 둘 다 사과 4개를 뜻하지만 다음과 같은 큰 차이가 있다. $\frac{2}{6}$는 사과 12개를 2개씩 똑같이 묶었을 때, 6묶음 중에 2묶음을 나타낸다. 반면에 $\frac{1}{3}$은 사과 12개를 4개씩 똑같이 묶었을 때, 3묶음 중에 1묶음을 나타낸다. 이런 의미들을 완벽히 이해하고 수학을 공부해야 나중에 고등학교에 가서도 수학을 잘할 수 있다.

가장 우려되는 부분은 이러한 원리를 배우기 전에 계산 방법만 먼저 배우는 선행 학습이다. 만약에 아이가 연산으로 분수의 약분까지 미리 배웠다면, $\frac{2}{6}$와 $\frac{1}{3}$이 서로 다른 의미를 가지고 있다는 것을 제대로 알지 못할 수 있다.

규칙 찾기와 문제 해결, 왜 그렇게 힘들까?

거의 절반이나 되는 아이들이 가장 어려워하는 부분이 바로 규칙성과 문제 해결 파트이다. 이 부분을 잘하려면 추론 능력, 수학적 사고력, 문제 해결 능력이 필요한데, 단순 연산으로만 수학을 접한 아이들은 초3이 되면 이 부분에서 어려움을 겪게 된다. 사실 이 능력들은 고등 수학을 잘하기 위해서 꼭 필요한 능력들이다. 결국 초3 학생들이 가장 어렵다고 대답한 파트가 고등 수학을 잘하기 위해서 꼭 필요한 부분이라는 것을 알 수 있다.

이처럼 초3 아이들이 힘들어하는 부분은, 앞으로 고등 수학을 잘하기 위해서 무엇을 준비해야 하는지를 명확하게 알려준다. 첫 번째는 나눗셈과 분수의 개념을 이해하는 개념 이해력과 원리 중심으로 공부하는 태도이고, 두 번째는 규칙성과 문제 해결 파트를 정복하기 위해 필요한 추론 능력, 수학적 사고력, 문제 해결 능력이다. 이러한 능력을 통틀어서 '생각하는 힘'이라고 표현할 수 있다. 수학을 배우는 목적은 바로 사고하는 능력, 생각하는 힘을 키우기 위함이다. 그리고 그런 수학의 첫 시작이 초3부터라고 할 수 있다. 이런 관점에서 보면, 초3 수학은 고등학교 수학을 잘하기 위한 첫 출발점인 셈이다.

· 3장 ·

수능 1등급 3대 파워를 완성하는 핵심 습관 5

수능 수학에서 1등급을 받기 위해서는 어떤 능력이 필요할까? 수능 수학은 계산력, 이해력, 문제 해결 능력, 추론 능력이라는 네 가지 영역에서 문제가 출제된다.

계산력은 기본, 진짜는 '생각하는 힘'

계산력은 말 그대로 계산하는 능력이다. 물론 계산력도 중요하지만, 수능에서는 아주 복잡한 계산을 요구하는 문제는 거의 나오지 않는다. 계산력 문제는 대부분 2점짜리 쉬운 문제가 출제되어 틀리는 학생들이 거의 없다. 오히려 초등 수학에서 다루는 계산이 훨씬 복잡할 정도다. 중학교, 고등학교로 갈수록 계산은 점점 간단해지고, 수능 수학은 더더욱 그렇다. 왜냐하면 수학은 계산 능력을 평가하는 과목이 아니기 때문이다. 대학에서 요구하는 수학은 바로 생각하는 능력이다. 수학 공부를 하다 보면 자연스럽게 사고력이 신장하고, 다른 학문을 공부할 때도 아주 큰 도움이 된다.

정확한 이해력,
꼬리에 꼬리를 무는 개념들을 꿰뚫어야

수능에서는 개념을 얼마나 정확하게 알고 있는지 묻는 형태로 문제가 출제된다. 개념을 제대로 이해해야 그것을 바탕으로 문제를 올바르게 풀어나갈 수 있다. 특히 수능 문제들은 여러 가지 개념을 융합해서 출제하는 경우가 많기 때문에, 단순히 개념을 암기하고 있는 정도로는 안 된다. 정확한 이해를 바탕으로 다양한 개념 사이의 상호 관계까지 파악할 수 있어야 한다.

　우리 아이들이 초등 3학년 수학을 어려워하는 이유도 바로 이 때문이다. 초등 1~2학년 때는 단순 연산 위주의 기능을 묻는 문제가 많았지만, 초3부터는 개념에 대한 깊은 이해를 요구하는 문제들이 나오기 시작한다. 교과서 내용을 보면, 단순 연산 위주로 공부를 한 학생들은 당연히 어려움을 겪을 수밖에 없다. 기초 체력 훈련만 하다가 갑자기 마라톤을 뛰라고 하는 것과 비슷하다.

초3-1 • 교과서 나눗셈 "생각 수학" 파트 문제

대화를 읽고 문제를 해결해 봅시다.

수일이와 도영이가 구하려는 것과 문제를 해결하기 위해 알고 있는 것을 써 보세요.

	수일	도영
구하려는 것		
알고 있는 것		

위 문제는 교과서에 실려 있는 나눗셈 관련 문제이다. 분수와 연결되는 나눗셈의 의미인 등분제 나눗셈과 뺄셈과 연결되는 나눗셈의 의미인 포함제 나눗셈에 대해 아이들이 제대로 이해하고 있는지를 묻고 있다.

위 문제는 아이들이 대화를 보고 아래 문제를 해결해야 하는 형태다. 교사용 지도서에서 제시한 예시 답안이다.

초3-2 · 교과서 분수 "생각 수학" 파트 예시 답안

- 도영이가 궁금해하는 것은 무엇입니까?
  예) 도영이가 먹은 유부초밥의 수입니다.

- 도영이가 알고 있는 것은 무엇인가요?
  예) • 준비한 유부초밥은 24개입니다.
  • 아버지는 24개의 $\frac{3}{8}$ 만큼, 어머니는 $\frac{1}{3}$ 만큼 드셨습니다.

- 자신이 생각한 방법으로 문제를 해결해 보세요.
  예) • 24를 8묶음으로 나눈 것 중의 3묶음이 9이고, 24를 3묶음으로 나눈 것 중의 1묶음은 8이므로 도영이가 먹은 유부초밥은 7개입니다.

> 문제를 해결할 수 있는 방법을 이야기해 보세요.

예시 답안을 보면, 원리에 대한 이해 없이 단순 연산으로만 공부한 아이들이 분수의 곱셈으로 문제를 풀면 틀리게 된다는 것을 알 수 있다.

✗ 틀린 답안 예시

24개의 $\frac{3}{8}$ 은 $24 \times \frac{3}{8} = 9$ 이므로 9개이다.

이산량 분수에 대한 정확한 개념 이해를 바탕으로 예시 답안처럼 서술해야 정답으로 인정받을 수 있다.

문제 해결 능력,
스스로 생각하는 힘을 키워야

문제 해결 능력은 어려운 문제를 풀어내는 능력을 뜻한다. 수능에서는 수학 내적 문제 해결 능력과 수학 외적 문제 해결 능력으로 구분을 한다. 수학 내적 문제 해력 능력은 수학 개념만 가지고 푸는 문제를 뜻하고, 수학 외적 문제 해결 능력은 교과 통합 유형이나 실생활과 관련된 문제를 뜻한다. 이런 문제 해결 능력을 묻는 문제는 보통 어려운 4점짜리 준킬러나 킬러형 문제로 출제된다. 수학에서 가장 중요하면서도 기르기 힘든 능력이다. 문제 해결 능력을 기르는 방법은 스스로 오랫동안 고민해서 문제를 풀어보는 연습밖에 없다. 아쉽게도 교과서에는 문제 해결 능력을 연습할 만한 문제가 충분하지 않다. 따라서 시중에 나와 있는 사고력 수학 교재나 심화 교재 등을 풀어봐야 한다.

> **초3-1 • 시중 심화 교재 문제 예시**
>
> 아빠가 케이크의 $\frac{1}{8}$ 을 먹고, 엄마는 남은 케이크의 $\frac{3}{7}$ 을 먹었습니다. 그리고 동생이 나머지의 절반을 먹었을 때, 남은 케이크는 전체의 몇 분의 몇입니까?

이런 문제를 해결하기 위해 아이들은 다양한 고민을 하고 접근을 한다. 초3 수준이기 때문에 복잡한 방정식이 아닌 그림을 그려 접근한다.

> **문제 해결 능력을 기르는 접근법**
>
> 긴 띠를 그려서 8등분하고, 아빠가 먹은 케이크를 표시한다.
>
> [아빠 | | | | | | |]
>
> 나머지의 $\frac{3}{7}$에 엄마가 먹은 케이크를 표시한다.
>
> [아빠 | 엄마 | | | |]
>
> 나머지의 절반에 동생이 먹은 케이크를 표시한다.
>
> [아빠 | 엄마 | 동생 |]
>
> 남은 케이크는 전체의 $\frac{2}{8}$이다.

이렇게 그림을 그려가면서 문제를 해결하는 연습을 통해 복잡한 문제도 풀 수 있는 문제 해결 능력을 키울 수 있다. 초등 3학년부터 배우는 수학을 통해 아이들은 단순 연산이 아니라, 이렇게 문제 해결 능력을 키울 수 있는 수학을 학습하게 된다.

추론 능력,
규칙을 찾고 논리적으로 설명하는 힘!

추론 능력은 주어진 조건들을 가지고 일반화된 풀이 방법을 추론하는 능력이다. 수능에서는 빈칸을 추론하는 문제나, 복잡한 내용을 구체적인 시행을 통해 규칙성을 찾고 일반화시키는 문제로 출제되곤 한다. 역시 어려운 4점짜리 문제로 출제가 되고 있다. 개념다운 개념을 배우기 시작하는 3학년 수학에서 추론 능력을 키울 수 있는 문제들이 있다.

> 길이가 20cm인 철사를 영수와 재영이가 나눠 갖습니다.
> 영수가 재영이보다 8cm 더 길게 가지려면 어떻게 나눠 가지면 될까요?

이런 문제를 해결하기 위해 일반 해법을 제시하는 것은 바람직하지 않다. 아이들 수준에 맞게 하나씩 시도해보면서 규칙을 찾도록 도와주어야 아이들의 추론 능력이 길러진다.

> 💡 **추론 능력을 기르는 접근법**
>
> 길이가 20cm인 철사를 둘이 똑같이 10cm씩 나눠 가진다. 영수가 재영이보다 8cm 길어야 하므로 재영이가 영수에게 1cm씩 철사를 주면서 둘이 가진

철사의 길이가 어떻게 되는지 관찰한다.

재영	영수	차이
10cm	10cm	0cm
9cm	11cm	2cm
8cm	12cm	4cm
⋮	⋮	⋮
6cm	14cm	8cm

재영이가 영수에게 1cm씩 철사를 줄 때마다 둘의 차이는 2cm씩 벌어진다. 따라서 8cm의 차이를 만들기 위해서는 4cm의 철사를 재영이가 영수에게 주면 된다. 따라서 재영이가 6cm, 영수가 14cm의 철사를 가지면 영수가 재영이보다 8cm 길게 철사를 갖게 된다.

수능 1등급의 핵심, 수학적 사고력!
초3부터 키워야 할 5가지 습관

수능을 잘 보기 위해 필요한 핵심 능력인 문제 해결 능력, 추론 능력, 수학 개념을 이용하여 대상을 일반화 및 추상화하는 능력, 이 능력들을 합쳐서 '수학적 사고력'이라고 부른다. 이러한 수학적 사고력을 기르기 위해 초등학교 3학년 때부터 꼭 길러야 할 5가지 핵심 습관을 소개한다.

1) 연습장이나 문제집에 식을 써서 풀기

처음 수학을 공부할 때부터 글씨나 식을 또박또박 써서 푸는 습관을 들여야 한다. 제멋대로 풀게 놔두면 나중에 교정하기가 힘들다. 중등에서 수학을 못 하는 아이들 대부분이 문제집에 숫자 몇 개만 끄적이고 문제를 푼다. 오답이 생겨도 어디서 잘못됐는지 찾을 수가 없다. 특히 복잡해지는 중고등 수학에서는 암산이 불가능해지기 때문에 반드시 식을 써서 푸는 습관을 들여야 한다. 2028 대입 개편안에 따르면 중고등 내신에 논·서술형 문항을 대거 도입한다고 한다. 따라서 식을 써서 푸는 습관은 논·서술형 문항을 대비하는 데도 도움이 된다. 아울러 생각을 정리하고 논리적으로 서술하는 연습이 되어서 수학적 사고력도 높여준다.

2) 스스로 읽고 엄마한테 설명하기

엄마가 먼저 개념을 설명해주지 말고, 아이가 스스로 교과서나 개념서를 읽고 엄마에게 설명하게 한다. 초등 3학년은 아직 엄마와의 유대가 좋기 때문에, 아이들이 엄마와 대화하며 수학 공부를 할 수 있는 나이다. 이렇게 공부하면 두 가지 좋은 점이 있다. 첫째는 아이가 스스로 개념을 이해하는 개념 독학 연습이 되어 앞으로 계속해서 스스로 개념을 읽고 수학을 공부할 가능성이 높아진다. 중등 과정까지만 이렇게 공부해도 고등 과정부터 훨씬 수월해진다. 둘째는 엄마에게 설명하면서 배운 내용을 장기기억에 잘 저장하게 된다. 누군가에게 설명하는 공부 방식에 익숙해지면 나중에는 스스로에게 설명하게 된다. 모든 공부를 이런 설명하기 방식으로 하게 되면 메타인지 능력도 높아지고 학습한 내용도 잘 저장하게 되어 수학뿐만 아니라 전 과목에 도움이 된다. 스스로 읽고 개념을 이해하는 개념 독학 연습은 수능에 필요한 개념 이해력을 높여주고, 학습한 개념을 말로 설명하면서 논리적 사고력도 형성된다.

3) 못 푸는 문제 스스로 해결하기

아이가 못 푸는 문제가 있으면 바로 답을 알려주지 말고, 스스로 풀도록 유도한다. 개념서에서 못 푸는 문제는 앞부분의 개념이나 비슷한 유형을 참고해서 다시 풀게 한다. 심화서에서 못 푸는 문제는 힌트를 조금씩 줘가면서 스스로 해결하게 한다. 이런 습관이 들면 아이들은 어떤 문제든 스스로 먼저 풀어보려고 하게 된다. 마치 재미있는 게임을 누가 방해하면 싫어하듯이, 수학 문제도 자기가 먼저 풀어보고 안 되면 도움을 받으려고 한다. 도움을 받을 때도 실마리만 얻으면 더 이상 도움을 받지 않고 스스로 풀려고 한다. 안 풀리는 문제를 다양한 방법으로 시도하며 스스로 풀어내는 과정에서 문제 해결 능력이 형성된다.

4) 틀린 문제 정리하기(오답 정리하기)

아직 초등 3학년이므로 틀린 문제를 오답 노트에 모두 다 정리하는 것보다는, 왜 틀렸는지를 말로 설명하게 하는 것이 좋다. 계산 실수인지, 문제를 잘못 이해했는지, 아니면 풀이 방법을 잘못 접근했는지 등, 스스로 자신의 오류를 점검하게 한다. 이렇게 하면 장기적으로 메타인지 능력을 높이고 실수를 극복할 수 있게 된다. 물론 정말 몰라서 틀린 문제는 풀이 과정과 틀린 이유, 앞으로 틀리지 않기 위해서는 무엇을 해야 하는지 등을 적어서 오답 정리를 시키는 게 좋다. 단, 오답 정리 문제가 너무 많으면 수학에 흥미를 잃을 수 있으므로, 하루 최대 3문제 이하로 제한하도록 한다. 오답 정리를 통해 아이는 완벽하게 이해할 때까지 수학을 공부하는 습관을 기르게 되고, 식을 정리하는 과정에서 수학적 사고력도 높아진다.

5) 독서와 글쓰기

독서와 글쓰기는 수학을 잘하는 데 필수적인 요소다. 독서는 오랫동안 집중해서 앉아 있는 힘을 길러주고, 문해력을 향상해 수학 개념 이해 능력에 도움이 된다. 단순히 이해하는 것뿐만 아니라, 독서를 많이 한 아이들은 개념 저장 능력도 탁월하다. 한번 배우면 잘 잊어버리지 않는 것이다. 글쓰기는 수학적 사고력을 높이는 데 크게 기여한다. 글쓰기라는 것은 머릿속에 저장된 정보를 조합해서 새로운 것을 창조하는 활동인데, 어려운 수학 문제를 푸는 과정과 거의 일치한다. 수학 문제도 기존에 배운 개념을 조합해서 복잡한 문제를 해결하는 과정이기 때문이다. 특히 글쓰기의 여러 개념을 순서에 맞게 잘 조합하는 행위는 어려운 수학 문제를 해결하는 데 크게 도움이 된다.

3학년 되기 전 알아야 할
1~2학년 수학의 기초

초등학교 1학년 기초 점검

① 학교 수업 열심히 듣기

요즘 아이들은 연산 학습지로 1학년 수학을 미리 배우고 오는 경우가 많다. 그래서 학교 수업을 지루하게 생각하고 딴짓을 하는 경향이 있다. 이런 태도를 가지면 중고등에서 공부를 잘 할 수가 없다. 중고등학교 내신의 핵심은 학교 수업이기 때문이다. 초등학교 1학년 때부터 학교 수업에 집중하는 습관을 꼭 만들어주어야 한다.

② 연필 잡는 법부터 꼼꼼하게

연산은 곧잘 하는데, 연필을 이상하게 쥐거나 숫자를 엉망으로 쓰는 아이들이 의외로 많다. 연필을 바르게 쥐고, 숫자를 순서대로 예쁘게 쓰는 습관을 들여야 한다. 숫자 읽는 법도 상황에 따라 '하나, 둘, 셋', '일, 이, 삼', '첫 번째, 두 번째, 세 번째' 등 정확하게 가르쳐주어야 한다. 혼재되어 섞어 쓰는 아이들도 있으니, 아주 기본적인 것부터 꼼꼼히 봐주어야 한다.

③ 손으로 만지고 느껴야 진짜 수학

책으로만 수학을 배우면 아이들이 제대로 이해하기 어렵다. 교과서에 나오는 조작 활동(블록 쌓기, 그림 그리기 등)을 그냥 넘기지 말고 꼭 함께 해주어야 한다. 손으로 만지고 움직이면서 수학 개념을 익혀야 머릿속에 오래 남는다.

④ 덧셈, 뺄셈 기초는 손가락셈

1학년 수학의 핵심은 덧셈과 뺄셈의 기초인 모으기와 가르기이다. 특히 우리는 10진법을 사용하므로 엄마랑 평소에 손가락으로 10을 만들어보는 놀이를 자주 하면 좋다. '3개랑 몇 개를 모으면 10개 될까' 등 손가락을 접었다 펴면서 자연스럽게 10에 대한 모으기와 가르기가 익혀진다.

⑤ 정의와 용어는 꼭 암기

수학에서 정의와 용어는 정확하게 암기해야 한다. 초등 교과서에서 삼각형의 정의를 찾아보면 "3개의 선분으로 둘러싸인 도형을 '삼각형'이라고 한다. 이때 삼각형을 둘러싸고 있는 3개의 선분을 '변'이라고 하고, 변과 변끼리 만나는 점을 '꼭짓점'이라고 한다. 따라서 삼각형의 변의 개수는 3개이고, 꼭짓점의 개수도 3개이다"라고 나와 있다. 변, 꼭짓점 같은 용어들은 이해한 후에 꼭 외우도록 지도해야 한다. 초등학교 때 정의와 용어를 제대로 안 외우면 중고등학교 가서 수학을 어려워하는 큰 이유가 된다. 엄마랑 묻고 답하기를 하면서 암기하는 습관을 들여야 한다.

⑥ 등호의 개념을 정확히

수학에서 등호 =는 정말 중요한 기호이다. '서로 같다'는 의미를 담고 있다. 초등학교 때 등호 개념을 정확히 이해하면, 중학교 가서 배우는 복잡한 방정식도 쉽게 풀 수 있는 힘이 생긴다. 초등 수학 심화 문제에 네모 □ 방정식 문제가 많이 나오는데, 등호의 의미를 제대로 알면 이항을 몰라도 모으기와 가르기로 충분히 풀 수 있다.

⑦ 연산 속도보다 정확성

고등학교 수학부터는 복잡한 계산보다는 정확하게 사고하는 능력이 더 중요해진다. 그러므로 초등학교 때는 빠르게 계산하는 것보다 실수 없이 정확하게 연산하는 연습에 집중해야 한다. 연산은 수학 문제를 풀기 위한 도구일 뿐, 연산이 빠르다고 수학을 잘하는 건 아니다.

⑧ 시계 문제

시계 문제는 초중등학교 방정식 활용 문제에 계속 등장해서 아이들을 힘들게 한다. 초등학교 1학년 때부터 측정 단원에서 시계를 배우니까, 집에 시계를 사두고 시침과 분침을 직접 돌려보면서 시계와 친해지도록 한다.

초등학교 2학년 기초 점검

① 덧셈, 뺄셈 다시 한번 꽉 잡기

2학년 때 곱셈을 배우고 구구단까지 외우면서, 이전에 배웠던 덧셈과 뺄셈을 헷갈려하는 아이들이 생긴다. 구구단을 시작하기 전에 덧셈과 뺄셈을 다시 한번 복습하고 확실하게 다져놔야 한다.

② 구구단은 수학의 뼈대

2학년 수학에서 가장 중요한 건 바로 곱셈의 개념을 이해하고, 구구단을 달달 외우는 것이다. 곱셈을 처음 배울 때, 곱셈은 똑같은 수를 여러 번 더하는 것(동수누가)이라는 개념을 확실하게 이해시켜야 나중에 복잡한 문제도 쉽게 풀 수 있다.

③ 도형은 블록 놀이처럼

2학년 때는 본격적으로 여러 가지 도형을 배우는데, 이건 4학년 도형 학습의 아주 중요한 기초가 된다. 따라서 도형의 이름과 뜻(정의)을 꼭 암기해야 한다. 칠교놀이나 쌓기 나무 같은 교구를 가지고 직접 만지고 조작하면서 도형을 공부하면 개념을 제대로 이해할 수 있다.

'수학이 되는 아이'는 학원보다 습관을 먼저 설계했다

성적은 루틴에서 만들어진다. 매일 반복되는 공부 습관이 결국 아이를 만든다. 잘 짜인 수학 루틴은 뇌를 지치지 않게 하고, 아이의 에너지를 낭비하지 않도록 돕는다. 강남 엄마들은 학원보다 습관을 먼저 설계했다. '해야지'가 아니라 '하게 되는' 아이로 만드는 수학 습관의 비밀을 공개한다.

· 1장 ·

강남 엄마들이 '습관'에 집중하는 이유

'해야지!' 마음먹고 실제로 행동하는 사람이 몇 퍼센트나 될까? 놀랍게도 3%가 채 안 된다고 한다. 성공한 사람들이 극소수인 이유도 바로 여기에 있다. 대부분 머릿속으로만 생각하고 실천은 잘 하지 않기 때문이다. 이 3%라는 비율이 수능 1등급 비율(4%)과 비슷한 것을 보면, 뭔가 시사하는 바가 크다.

그럼 왜 우리는, 또 우리 아이들은 '해야지' 하면서 잘 안 움직이고, 공부해야지 하면서 딴짓을 할까? 그 이유를 파헤쳐보면 우리 몸에 새겨진 아주 오래된 '생존 본능' 때문이다. 스마트폰에 초기 설정된 프로그램처럼 말이다.

인간의 뇌는 생명을 유지하는 것을 최우선으로 생각해서 최대한 변화를 싫어하고 지금 상태를 유지하려고 하는 본능이 있다고 한다. 우리가 게으른 것은 의지력이 약해서가 아니라, 에너지를 아껴 쓰는 방향으로 진화해왔기 때문이다. 에너지를 많이 쓰면 더 많은 음식을 먹어야 하는데, 먹을 게 부족했던 옛날에는 그게 생존에 엄청나게 위험한 일이었다. 특히 뇌는 몸무게의 2%밖에 안 되지만, 우리 몸 전체 에너지의 20%나 쓸 정도로 에너지 소모가 큰 기관이다. 그래서 우리 몸은 생명 유지에 꼭 필요한 일 외에는 뇌를 잘 안 쓰려고 한다. 공부처럼 에너지가 많이 필요한 일은 당연히 싫어할 수밖에 없다. 머리 쓰는 것이 우리 몸의 본능적인 거부 반응이니, 공부가 싫은 것은 어쩌면 너무나 당연한 일인지도 모른다. 하지만 지금은 먹을 것도 충분하고 에너지 걱정도 없으니 뇌를 열심히 써서 공부해도 아무 문제가 없다.

원시시대에는 긍정적이고 적극적인 사람들보다 걱정이 많고 신중한 사람들이 살아남았다고 한다. 먹을 것을 찾아 위험한 맹수한테 달려들다 잡아먹히거나, 무턱대고 거주지를 옮겼다가 환경에 적응 못 하고 멸종하는 일이 많았기 때문이다. 그래서 조심스럽고 부정적인 유전자를 가진 사람들이 살아남아서 우리에게 그 유전자를 물려준 것이다. 따라서 우리는 지금, 원시시대처럼 위험한 것도 없는데, 뭘 하려고 하면 자꾸 망설이고 걱정부터 앞서는 경향이 있는 것이다.

다이어트가 힘든 것도 비슷한 이유다. 먹을 게 넘쳐나는 시대에 살지만, 우리 유전자는 음식이 보이면 최대한 많이 먹어서 저장하라고 명령한다. 저장하기 제일 좋은 형태가 지방이니까, 남는 칼로리는 죄다 지방으로 쌓인다. 배 나오고 살찌는 것은 어쩌면 당연한 결과다. 우리 몸은 그저 유전자에 새겨진 대로 정직하게 행동했을 뿐이니까.

그러니 우리 아이가 공부하기 싫어한다고 너무 속상해할 필요는 없다. 의지 부족이 아니라, 몸속에 프로그램된 유전자 정보 때문에 벌어지는 일이다.

그럼,
이 본능적인 거부감을 어떻게 극복해야 할까?

첫 번째 방법은 닥치고 그냥 하기다. 우리 뇌는 공부처럼 에너지를 많이 쓰는 활동을 할 때, 뇌 섬피질이라는 부위에서 고통을 느끼게 하는 물질을 만들어낸다고 한다. 그래서 우리는 공부하기 싫다는 생각을 하게 된다. 하지만 신기하게도, 그것을 무시하고 15분 정도만 억지로 공부하면 그 고통 물질이 사라지고 오히려 집중이 잘 되기 시작한다.

두 번째는 주변 환경을 똑똑하게 이용하는 것이다. 과거에는 무리 생활을 했기 때문에 무리에서 따돌림당하는 것을 두려워했다. 혼자 남겨지면 곧 생존 자체가 위험해지기 때문이다. 그래서 우리는 은연중에 다른 사람들의 시선을 신경 쓰는 본능이 있다. 이것을 역이용해서, 혼자 하는 것보다 학원이나 도서관이나 카페처럼 다른 사람들이 있는 곳에서 공부하면, 괜히 다른 사람들 눈치를 보게 되고 분위기에 휩쓸려서 조금이라도 더 열심히 하게 된다. 친구나 부모님한테 '이번 수학 시험 100점 맞겠다'라고 크게 떠벌리는 것도 좋은 방법이다. 남들 시선을 신경 쓰는 유전자 때문에 왠지 모르게 더 열심히 하게 될 수 있다.

세 번째는 습관과 규칙적인 생활(루틴)을 만드는 것이다. 철학자 칸트나 소설가 무라카미 하루키처럼 성공한 사람들은 대부분 규칙적인 생활을 했다. 이들은 매일 정해진 시간에 일어나서 정해진 일을 반복했다. 페이스북의 저커버그나 애플의 스티브 잡스가 늘 똑같은 옷만 입는 것도 유명한 이야기이다. 왜 그랬을까? 우리가 살아가는 동안 알게 모르게 엄청나게 많은 에너지를 낭비하기 때문이다. '의지력'도 에너지 중 하나다. 그래서 작심삼일이라는 말도 있는 것이다. 의지력도 에너지니까 3일밖에 가지 못한다는 뜻이다. 뭔가를 결정하는 것도 에너지가 많이 드는 일이다. 그래서 성공한 사람들은 옷 입는 것부터 생활 방식까지 많은 부분을 단순하게 만들어서 에너지 낭비를 줄인다. 여러 회사를 동시에 운영하는 일론 머스크도 요일을 정해서 각 회사 일을 하는 방식으로 의사결정을 단순화한다. 성공한 사람들의 집이나 사무실을 보면, 모든 게 딱 필요한 곳에 효율적으로 배치되어 있어서 불필요한 에너지 소모를 최소화한 것을 볼 수 있다.

그들이 이렇게 하는 이유는 낭비되는 에너지가 없어야 자신이 집중하는 일에 온전히 에너지를 쏟을 수 있기 때문이다. 그렇다면 우리 아이들에게는 뭘 시켜야 할까? 가장 먼저 공부 습관과 규칙적인 루틴을 만드는 데 집중해야 한다. 어떤 일이 습관이 되면 익숙해져서 에너지가 덜 든다. 에너지가 덜 들면 사람은 힘들다고 느끼지 않게 된다. 아이들도 공부가 습관이 되고 매일 하는 일처럼 느껴지면 공부가 그렇게 힘들지 않다고 느끼게 된다. 그래서 하루에 14시간 넘게 공부하는 사람들도 있는 것이다. 그들은 하나같이 말한다. 그렇게 오래 공부하는 게 생각보다 힘들지 않았다고. 왜냐, 습관이 되니까 에너지가 덜 들고, 우리 뇌도 그런 행동을 거부하지 않게 되기 때문이다.

네 번째는 공부하는 장소를 최대한 깔끔하게 정리해주는 것이다. 책상이든 거실 식탁이든 깨끗하게 정리되어 있으면, 우리 뇌는 주변 환경을 인식하는 데 에너지를 덜 쓰게 돼서 바로 공부에 집중할 수 있도록 도와준다. 어지럽고 복잡한 책상에서 공부하면, 공부를 시작하기도 전에 에너지가 쭉 빠져서 집중하기 힘들어진다. 거실 식탁에서 공부하게 하는 것도 좋은 방법 중 하나다. 가족들이 왔다 갔다 하는 공간은 남들 시선을 신경 쓰는 유전자가 아이를 더 집중하게 만들고, 식탁이라는 장소 때문에 무의식적으로 배고픔을 느끼게 될 수도 있다. 그때 엄마가 영양가 있는 간식을 챙겨주면 아이에게 에너지를 공급해줘서 뇌가 안심하고 공부에 집중하도록 도울 수 있다.

나이가 어릴수록 공부는 '습관'으로 만들어줘야 한다는 것을 기억해야 한다. 물론 아이가 꿈이나 진로를 정하면 공부에 대한 동기 부여가 더 잘될 수 있지만, 초등학생이 구체적인 꿈을 정하는 건 현실적으로 쉽지 않다. 제자들을 봐도 꿈이 계속 바뀌고, 고등학생 때까지 진로를 못 정하는 경우도 많다. 대학생이 돼서 전공을 바꾸는 경우도 있다. 초등 시절에는 다양한 경험을 시켜주는 것은 좋지만, 너무 일찍 꿈이나 진로를 확정하려고 애쓸 필요는 없다. 그냥 매일 양치질하는 것처럼, 안 하면 찝찝한 '공부 습관'을 만들어주는 데 집중하는 게 훨씬 효과적이다.

· 2장 ·

기적을 만드는
'하루 1시간 수학 루틴'

이제 공부 습관이 왜 중요한지 확실히 알았다. 습관이 딱 잡히면 신기하게도 공부하는 데 힘이 덜 들고, 덜 힘드니까 억지로 하지 않아도 술술 하게 된다. 그럼 이제 우리 아이에게 '매일 1시간 수학 루틴'을 만들어줄 차례다.

    혹시 아이가 책 읽는 것을 좋아하고 집중하는 힘이 좀 있다면, 초등학교 3학년이라도 매일 2시간 정도는 충분히 수학에 집중할 수 있다. 하지만 아직 그런 습관이 잡히지 않았다면 너무 조급해하지 않아도 된다. 매일 딱 1시간씩 꾸준히 수학 공부하는 습관을 들여주는 것부터 시작하면 된다.

시간과 장소를
딱 정해두기

습관을 만들 때는 언제, 어디서 공부할 건지를 딱 정해놓아야 한다. 가령 '수학은 매일 오후 5시부터 6시까지 식탁에서 하기'라든지, '매일 저녁 먹고 나서 30분은 꼭 자기 방 책상에서 수학 문제 풀기' 하는 식이다.

우리 뇌는 신기하게 똑같은 장소에서 똑같은 행동을 반복하면, 그 장소에만 가도 자동으로 그 행동을 할 준비를 하게 된다. 조건 반사 같은 것이다. 예를 들어 거실 식탁을 공부하는 곳으로 정하고 꾸준히 공부하면, 나중에는 식탁에 앉기만 해도 집중이 확 되는 경험을 할 수 있다. 침대에서도 스마트폰을 보지 않고 바로 잠드는 습관을 들이면, 침대에 눕는 순간 졸음이 쏟아질 수 있다.

반대로 책상에서 폰도 보고, 잠도 자고, 간식도 먹고, 공부도 하면 뇌가 엄청나게 헷갈려한다. '여기가 영화관이야? 식당이야? 침실이야? 공부방이야?' 이러면서 도대체 뭘 해야 할지 갈피를 못 잡고, 아무것도 제대로 집중하지 못하게 만든다. 독서실에 가서 공부하다가 졸기 시작하면, 나중에는 그 자리에 앉기만 해도 졸린 현상을 경험해본 적이 있으실 것이다. 뇌가 그곳을 침실이나 휴게실처럼 인식해서 그렇다.

공부 환경은
깔끔하게!

공부할 시간과 장소를 정했다면, 공부를 시작한다. 이때 공부하는 장소는 항상 깨끗하게 정리정돈해서 아이 뇌가 다른 것에 신경 쓰느라 에너지를 낭비하지 않도록 해주는 게 중요하다. 뇌는 깔끔하게 정리된 책상을 보면 그걸 해석하느라 힘쓸 필요가 없으니까, 바로 공부에 집중할 수 있게 도와준다.

아직 초등학교 3학년이니까, 평일 주 5일만 공부하고 숙제처럼 느껴지는 별도의 과제는 내주지 않는다. 아이의 현재 수준에 맞춰서 공부 시간을 정하고 꾸준히 하는 게 더 중요하다.

우리 아이 수준에 맞는 맞춤형 학습 전략

아이 수준	일주일 기준 학습 시간	구성
상위권	월/화/수/목/금(2시간씩) 일주일 10시간	월/수/금(교과) 화/목(사고력)
문해력 약함	월/화/수/목/금(1시간씩) 일주일 5시간	월/수/금(교과) 화/목(서술형)
기초 부족	월/화/수/목/금(30분씩) 일주일 2시간 30분	월/수/금(교과) 화/목(연산)

👤 상위권 아이

독서도 많이 하고 집중력도 좋은 아이들은 주 5일, 매일 2시간씩 수학 공부를 한다. 3학년부터는 교과 수학이 중요하므로, 일주일에 3번은 교과서 개념을 꼼꼼히 공부하고 심화 문제까지 풀어보면서 실력을 탄탄하게 다진다. 나머지 2번은 사고력 수학 문제를 풀면서 수학적 사고력, 문제 해결 능력, 추론 능력 같은 수학 심화 능력을 키우는 데 집중한다.

👤 중위권 아이

아직 책 읽는 습관이 부족해서 문해력이 약한 아이들은, 교과 수학을 3일 하고 나머지 2일은 문장으로 된 문제나 서술형 문제를 집중적으로 푼다. 문장제 문제를 풀면서 수학 문제를 제대로 이해하는 연습을 하고, 서술형으로 답을 써보면서 논리적으로 생각하는 힘을 길러나간다. 이렇게 문장제와 서술형 문제집을 공부하는 것은 독서와 글쓰기를 동시에 하는 것과 비슷한 효과를 낼 수 있다.

👤 기초 부족 아이

아직 기본적인 연산 실력이 부족한 아이들은, 연산 문제집을 꾸준히 반복해서 풀면서 덧셈, 뺄셈, 곱셈, 나눗셈 같은 기본적인 계산 능력을 확실하게 다지는 게 먼저다. 중위권 이상의 아이들은 기본서에 있는 연산 문제만으로 충분히 연습이 되니까, 굳이 연산 문제집을 따로 풀 필요는 없다.

　이렇게 아이의 수준에 맞춰서 공부 시간과 내용을 조절하면서 매일 꾸준히 수학 공부하는 습관을 만들어주는 것이, 우리 아이를 수학을 즐거워하고 잘하는 아이로 키우는 첫걸음이 될 것이다. 매일 물을 주는 화분처럼, 꾸준한 관심과 노력이 우리 아이의 수학 실력이라는 아름다운 꽃을 피울 수 있도록 도와줄 것이다.

· 3장 ·

무조건 '하게 되는' 30일 미션

1장과 2장에서는 공부 습관이 얼마나 중요한지, 그리고 우리 뇌가 왜 공부를 싫어하는지에 대해 이야기했다. 이제 진짜 공부 근육을 키울 시간, 습관만 제대로 만들면 공부에 드는 에너지가 줄어들고, 덜 힘드니까 아이도 지치지 않고 꾸준히 할 수 있다. 30일 동안 우리 아이에게 '매일 1시간 수학 루틴'을 만들어주자.

1주 차: 준비 운동! 우리 아이 맞춤 학습 계획 세우기

가장 먼저 우리 아이의 현재 수준을 파악하고, 현실적인 학습 계획표를 짠다. 일주일에 며칠을 공부할지, 하루에 얼마나 할지를 아이와 함께 정하는 게 중요하다. 그리고 같이 서점에 가서 아이 수준에 맞는 문제집 두 권을 골라본다. 교과 수학 문제집은 필수! 그리고 아이가 조금 힘들어하는 부분이나 더 키우고 싶은 능력에 맞춰서 연산, 사고력, 문장제(서술형) 문제집 중에서 한 권을 더 선택한다.

1주 차에는 내용 진도보다는 정해진 시간에 꾸준히 공부하는 '습관'을 만드는 데 집중한다. 약속한 시간이 되면 칼같이 공부를 끝내주어야 한다. '조금만 더 하자' 하는 유혹은 잠시 넣어둘 것!

예시

책 읽는 걸 좋아하는 편이라 문해력은 괜찮은 아이. 서점에 가서 개념 교재로 [디딤돌 기본+응용]을 골랐고, 서브 교재로 문장제 문제 연습을 위한 [문제 해결의 길잡이 원리] 서술형 문제집을 선택했다. 아이와 함께 책의 차례를 쭉 보면서 [디딤돌 기본+응용]은 주3회 1시간 30분씩, [문해길 원리]는 주2회 1시간씩 공부하기로 약속했다. 숙제는 따로 없이, 정해진 시간에만 집중해서 공부하기로 했다. 달력을 보면서 함께 학습 계획표를 짰다. 두 권 문제집을 대략 3개월 정도면 끝낼 수 있는 계획이 나왔다.

교재명	디딤돌 기본+응용			문해길 원리	
시간	월/수/금 1시간 30분씩			화/목 1시간	
요일	월	수	금	화	목
1주 차	1단원 덧셈 개념 (p.8~13)	1단원 기본기 다지기 (p.14~17)	1단원 뺄셈 개념 (p.18~23)	<수와 연산> 식 만들기 (p.11~16)	<수와 연산> 그림 그리기 (p.17~22)
2주 차	1단원 기본기 다지기 (p.24~26)	1단원 응용력 기르기 (p.27~30)	1단원 단원 평가 (p.31~36)	<수와 연산> 거꾸로 풀기 (p.23~28)	<수와 연산> 규칙 찾기 (p.29~34)

2주 차: 본격적인 습관 만들기! 차근차근 공부하는 힘 기르기

약속한 시간과 장소에서 꾸준히 공부를 시작한다. 모든 개념은 아이가 먼저 소리 내어 읽어보게 하고, 엄마가 질문하고 아이가 대답하는 '묻고 답하기'를 통해 제대로 이해했는지 확인한다. 그냥 눈으로만 읽는 것보다 훨씬 효과적이다.

개념 이해가 끝났다면, '개념 노트'에 오늘 배운 내용을 자기만의 언어로 요약 정리하도록 시킨다. 처음에는 엉성할 수 있지만, 6개월에서 1년 정도는 문제집에 있는 개념 내용을 그대로 따라 쓰게 해도 괜찮다. 시간이 지날수록 점점 자기 생각을 담아 정리하는 능력이 좋아진다.

개념 노트 작성이 끝나면 본격적으로 문제를 풀기 시작한다. 잘 모르거나 막히는 문제가 나오면, 바로 답을 보지 말고 다시 한 번 개념 부분을 복습하고 나서 다시 풀어보도록 유도한다. 그래도 도저히 모르겠다면, 너무 답답해하지 않도록 살짝 힌트를 주면서 스스로 해결할 수 있도록 도와준다. 설명을 듣고 이해한 문제는 꼭 '오답 노트'에 틀린 이유와 함께 정리하도록 시킨다.

이 모든 과정을 진도가 조금 느리더라도 빼먹지 않고 꾸준히 진행하는 게 핵심이다. 모든 문제는 꼭 문제집 여백이나 연습장에 풀이 과정을 쓰도록 지도한다. 나중에 틀렸을 때 본인이 쓴 풀이를 보면서 어디서 실수했는지 스스로 찾아서 고칠 수 있도록 하기 위해서다.

> **예시**

아이와 상의해서 공부 장소는 식탁으로 정했다. 뇌를 많이 쓰는 활동이니까, 공부할 때 아이가 좋아하는 맛있는 간식을 준비해주기로 약속했다. 시간제 학습에 맞춰서 매일 딱 1시간 30분만 공부하기로 했다. 만약 그날 할 공부를 빨리 끝내면, 다음 시간에 할 내용을 미리 조금 공부하기로 했다. 다음에 어려운 내용이 나와 학습 시간을 초과할 수도 있기 때문이다. 반대로 정해진 시간 안에 학습량을 다 못 끝내는 날은, 주말 오전 시간을 이용해서 마무리하기로 했다.

준비 작업	개념 노트, 오답 노트, 풀이용 연습장 챙기기
개념 학습	개념 읽기 → 엄마와 묻고 답하기 → 개념 노트에 요약 정리하기
문제 학습	풀이 과정 쓰면서 문제 풀기 → 막히면 개념 다시 보기 → 다시 풀어보기 그래도 모르겠으면: 엄마 힌트 조금씩 받아서 스스로 풀어보기
채점	문제집 채점하기 → 틀린 문제 다시 풀어보기 → 다시 채점하기
오답 정리	엄마 설명 들은 문제는 오답 노트에 꼼꼼히 정리하기

3주 차: 습관 굳히기! 스스로 해내는 힘 키우기

2주 동안 연습했던 수학 공부 절차를 아이가 스스로 할 수 있는지 점검하는 시간이다. 혹시 **빼먹는** 단계가 있다면 부드럽게 지적해주면서 완벽하게 자기 것으로 만들도록 돕는다. 기본적인 절차는 다시 한번 강조하면 이와 같다.

> 개념서 꼼꼼히 읽기 → 엄마와 개념 묻고 답하기 → 개념 노트 스스로 작성하기 → 풀이 과정 빠짐없이 쓰면서 문제 풀기 → 안 풀리는 문제는 힌트 얻기 전에 꼭 개념 다시 보기 → 그래도 안 풀리면 엄마가 힌트 → 엄마의 설명을 들은 문제는 오답 노트에 정리하기 → 채점 후 틀린 문제 스스로 고치기 → 계산 실수는 자기가 쓴 풀이를 보면서 찾아내서 고치기

4주 차: 미션 완료!
꾸준함이 만드는 기적 맛보기

4주 동안 같은 시간, 같은 장소에서 수학 공부하는 것을 꾸준히 해냈다면 정말 대단한 것이다. 이제 아이는 매일 수학을 공부하는 멋진 습관을 갖게 되었다. 이때 진도에 너무 얽매이지 않고 아이가 올바른 방법으로 꾸준히 실천하도록 격려해준다. 좋은 습관이 몸에 배면, 실력은 자연스럽게 따라오게 되어 있다.

아래는 내 아이들이 초등학교 3학년 때 실제로 사용했던 주간 학습 계획표 예시다. 이것을 참고해서 우리 아이의 상황에 맞게 계획표를 만들어서 아이 책상이나 잘 보이는 곳에 붙여놓고 함께 실천해나가면 분명 좋은 결과가 있을 것이다.

시간	월	화	수	목	금	토
9~10	학교생활					보충 학습
10~11						
11~12						놀기
12~1						
1~2						점심
2~3	휴식					자유 시간
3:00~4:30	교과 수학	예체능 학원	교과 수학	예체능 학원	교과 수학	
4:30~6:00	태권도	놀기	태권도	놀기	태권도	
6~7	저녁					저녁
7~8	엄마표 영어	사고력 수학	엄마표 영어	사고력 수학	엄마표 영어	독서
8~9	독서					

📑 **주간 계획표 예시**

· 4장 ·

선행보다 중요한 건
따로 있다

수학 좀 한다는 아이들 보면, 벌써부터 고등학교 과정을 쭉쭉 나가는 경우가 있다. 엄마들 사이에서 '누구는 벌써 어디까지 나갔다더라' 하는 이야기가 심심찮게 들린다. 물론 입시라는 현실을 생각하면, 남들보다 조금 앞서나가는 선행 학습이 도움이 되는 것은 맞다. 특히 고등학교 입학 전에 고2 과정까지 탄탄하게 선행이 되어 있으면, 고등학교 내신에서 유리한 고지를 점하는 데 큰 도움이 된다.

하지만 여기서 놓치지 말아야 할 중요한 포인트가 있다. 선행 학습 속도보다 훨씬 더 중요한 것은, 아이 스스로 공부할 수 있는 '학습 능력'을 키우는 것이다.

간혹 초등학생 아이가 선행을 빨리 나간다고 해서 우리 애가 수학 천재인가 하고 섣불리 기대하는 부모님들도 계신다. 하지만 솔직히 말해서 초등 수학은 고등 수학에 비하면 매우 쉬운 편이다. 아이들도 초등 심화 문제집보다 고등 개념 문제집이 훨씬 어렵다고 느끼고, 고등 수학 1년 과정이 초중학교 9년 과정보다 훨씬 많은 양을 다룬다고 생각한다. 초등 수학은 책을 좀 읽는 아이들은 혼자서 쉽게 진도를 나갈 수 있고, 그렇지 않은 아이들도 선생님 도움을 받으면 비교적 수월하게 진도를 뺄 수 있다.

그러니 주변에서 누구는 벌써 몇 년 선행을 했다더라 하는 이야기에 너무 흔들릴 필요 없다. 아무리 선행이 빨라도 진짜 승부는 고등학교 수학부터 시작된다. 초중학교 선행을 아무리 빨리 끝냈어도, 고등학교 수학 한 학기 과정을 제대로 이해하는 데 1~2년씩 걸리는 아이들도 많고, 심지어 수학을 포기하는 경우도 생긴다. 반면에 초중학교 때는 선행이 좀 늦더라도, 고등학교 수학을 엄청나게 빠른 속도로 따라잡는 아이들도 분명히 있다. 이런 아이들은 2개월 만에 고등학교 수학 한 학기 과정을 끝내기도 하고, 중학교 3학년 때 처음 고등 선행을 시작해도 1년 안에 고2 과정까지 무난하게 마무리하기도 한다.

핵심은
'스스로 공부하는 힘'을 키우는 것

초등 시기에 집중해야 할 것은, 고등학교 선행 학습을 잘 해낼 수 있는 스스로 공부하는 능력, 즉 학습 능력을 키우는 것이다. 이 능력은 어떻게 길러질까?

첫째, 꾸준한 독서와 글쓰기를 통해 이해력과 사고력을 키워야 한다. 책을 읽으면서 문장 이해력과 배경지식을 쌓고, 글을 쓰면서 자신의 생각을 논리적으로 정리하는 연습을 한다.

둘째, 수학 개념을 스스로 읽고 이해하는 '개념 독학' 연습을 하는 것이다. 교습자 설명에 의존하기보다, 교재를 보면서 스스로 개념을 파악하고 왜 그렇게 되는지 깊이 생각하는 힘을 기른다.

셋째, 심화 문제까지 끈기 있게 도전하면서 수학을 깊이 있게 공부하고 사고력을 확장해나가는 것이다. 어려운 문제를 스스로 해결하는 경험을 통해 문제 해결 능력과 끈기를 키울 수 있다.

초등 시기에는 빠른 선행보다는 바로 이런 능력들을 키우는 데 집중해야 한다. 당장 눈에 보이는 빠른 진도보다 '스스로 공부하는 힘'이라는 튼튼한 뿌리를 내리는 데 집중한다. 이렇게 학습 능력을 탄탄하게 키워두면, 중학교 때부터 본격적으로 시작하는 선행 학습도 훨씬 수월하게 해낼 수 있다.

사례 1
겉만 번지르르한 빠른 선행의 함정

A라는 학생은 초등학교 6학년 때 우리 학원에 왔다. 어머님께서 욕심이 있으셔서 어릴 때부터 아이에게 공부를 많이 시키셨다. 특히 영어는 꽤 수준급이라 어학원 탑반에 다녔다. 수학은 이미 고등 과정을 나가고 있었다. 그런데 내가 A 학생을 지도하면서 문제점들이 하나둘씩 드러나기 시작했다.

A 학생은 학원이나 과외 선생님의 설명을 듣는 수동적인 방식으로 공부했다. 초등 과정과 중등 과정을 깊이 있는 심화 학습은 거의 하지 않은 채, 정말 빠르게 진도만 쭉쭉 나갔다. 그러다 보니 여러 가지 문제가 생겼다.

첫째, 고등 과정 진도가 거의 멈춰버렸다. 양도 훨씬 많고 내용도 깊어진 고등 개념을 제대로 이해하지 못했고, 이해하는 척해도 금방 잊어버렸다. 지금까지 선생님이 떠먹여주는 공부에만 익숙해져서, 어려운 고등 개념을 스스로 이해하려는 노력이 부족했던 것이다. 게다가 개념을 정리하는 연습(개념 노트 정리, 개념 테스트 등)을 한 번도 해본 적이 없으니, 배운 내용을 자기 머릿속에 저장하는 방법 자체를 몰랐다. 초등 수학은 쉬웠고, 중등 수학도 억지로 따라가긴 했지만, 고등 수학에서 그동안 쌓이지 않았던 실력이 밑천을 드러냈다. 결국 고등학교 수학 한 학기 과정을 제대로 끝내는 데 거의 1년 6개월이 걸렸다. 초중등 선행을 그렇게 빠르게 했던 게 아무 의미가 없어진 것이다. 그제서야 부랴부랴 연산 훈련, 개념 테스트, 오답 테스트 등을 반복해야 했다.

둘째, 중등 과정에 구멍이 너무 많아서 고등 과정과 함께 중등 과정을 다시 복습해야 했다. 고등 과정을 나가려고 하면, 중간중간 펑크 난 중등 개념들이 발목을 잡았다. 중등 문제집을 다시 사서 부족한 부분을 메우면서 고등 과정을 나가려니 시간이 엄청나게 오래 걸렸다. 중등 수학에서 단순하게 몇 개 개념을 잊어버린 정도가 아니라, 아예 한 학기 과정을 다시 공부해야 할 정도로 공백이 심각한 수준이었다.

셋째, 초등 수학부터 시간이 오래 걸린다는 이유로 심화 학습을 제대로 하지 않은 것도 큰 문제였다. 고등 과정은 개념 교재 자체의 난도도 꽤 높은데 A 학생은 어려운 문제를 제대로 풀어본 경험이 거의 없었다. 깊이 생각하는 훈련이 안 되어 있다 보니, 고등 개념 교재부터 너무 어렵게 느껴졌고, 응용 문제집은 아예 손도 못 댈 정도였다. 실제로 학생들을 가르쳐보면, 초등 심화 학습을 제대로 한 아이들이 중등 선행도 훨씬 빠르게 나가고, 중등 심화를 탄탄하게 다진 아이들이 고등 선행도 훨씬 수월하게 해낸다. 그러므로 시간이 오래 걸리고 힘들더라도, 하나하나 따져가며 깊이 있게 공부하는 개념 학습과 끈기 있는 심화 학습은 장차 빠른 선행을 위해서 꼭 필요한 과정이다.

사례 2
스스로 공부하는 힘이 만든 놀라운 결과

B라는 학생은 중학교 2학년 2학기 때 우리 학원에 온 학생이다. 어머님께서 내 공부법 책을 읽고 초등학생 때부터 아이 스스로 공부하는 방식으로 수학을 가르치셨다고 했다. 책에 쓴 내용보다 훨씬 더 잘 지도하셔서 깜짝 놀랐다. 꾸준히 책 읽고 글 쓰는 연습을 시키면서 언어 능력을 키우고, 초등 수학부터 개념을 혼자서 공부하는 연습을 시키고, 심화 문제집도 꾸준히 풀리면서 중학교 과정까지 혼자서 완벽하게 끝내고, 고등 과정을 배우기 위해 학원에 온 것이었다.

  B 학생은 중학교 수학까지 스스로 개념을 공부하면서 개념 이해력이 정말 뛰어났고, 심화 문제집을 꾸준히 풀면서 깊이 있는 사고력까지 갖추고 있었다. 고등학교 수학 한 학기 과정을 완벽하게 공부하는 데 3개월이면 충분했다. 중학교 2학년 2학기부터 시작한 고등 선행 학습은 중학교 3학년 겨울방학까지 고등학교 1학년 과정(공통수학 1, 2), 고등학교 2학년 과정(대수, 미적분1), 심지어 고등학교 3학년 과정(확률과 통계)까지 아주 탄탄하게 마무리되었다. 결국 선행 학습의 핵심은 초중등 진도가 아닌, 누가 더 빨리 고등 과정을 완성도 있게 나가느냐이다.

<u>그 속도를 결정하는 것이 학습 능력</u>에 달려 있다는 것을 보여

주는 좋은 예시다. 초등학교 때 선행이 조금 늦더라도, 스스로 공부하는 힘을 꾸준히 키운 아이는 고등학교 과정에서 놀라운 속도로 따라잡을 수 있다.

· 5장 ·

학원 효과를
200% 끌어올리는 법

맞벌이 때문에 엄마표 수학이 어렵다면, 학원의 도움을 받는 건 당연한 선택일 수 있다. 그런데 초등 학원이 고등 학원과 좀 다른 점이 있다. 고등학생의 경우, 수학을 포기한 아이들은 보통 학원에 안 다니지만, 초등학생들은 잘하는 아이부터 어려워하는 아이까지 다양한 수준의 아이들이 학원에 다닌다. 따라서 우리 아이에게 딱 맞는 학원과 수준을 찾는 게 중요하다. 큰 학원에 가서 입학 테스트를 보고 상담을 받아보는 것이 우리 아이의 객관적인 실력을 확인하는 좋은 방법이 될 수 있다.

우리 아이 수준에 맞는
'맞춤형 관리' 학원을 찾아라!

아이의 수준을 파악했다면, 이제 학원을 신중하게 골라야 한다. 초등 학원은 단순히 지식을 전달하는 곳보다는, 아이에게 올바른 공부 습관을 제대로 만들어주는 관리형 학원이 훨씬 효과적이다. 여기서 말하는 올바른 공부 습관은 아이 스스로 공부하는 힘, 즉 자기 주도 학습 습관을 길러주는 것을 의미한다. 학원에서 이런 습관들을 키워줄 수 있는지 꼼꼼하게 확인해봐야 한다.

　스스로 책을 읽듯이 개념을 이해하는 연습을 시키는지 확인한다. 개념 학습이 끝나면 아이가 자기 노트에 정리하고, 선생님께 설명하면서 제대로 이해했는지 점검받는 과정이 있는지 보는 것이다. 아이가 잘못 알고 있는 부분(오개념)을 잡아주고, 개념 학습이 제대로 되었는지 선생님이 꼼꼼하게 확인해주는 곳이어야 한다.

　문제 풀 때 연습장이나 문제집에 풀이 과정을 차근차근 쓰도록 지도하는지 확인한다. 모르는 문제는 바로 답을 알려주기보다는 스스로 고민하도록 기다려주고, 힌트를 주거나 개념을 다시 보게 해서 스스로 해결하는 힘을 키워주는 학원이어야 한다.

　아이 수준에 맞는 다양한 난이도의 문제들을 풀리면서 수학적 사고력을 키우도록 돕는지 확인한다. 선생님 도움으로 푼 문제는 그냥 넘어가지 않고, 오답 노트에 꼼꼼하게 정리하도록 관리해주는 학원이 좋다.

배운 내용을 잊어버리지 않도록 주기적인 시험을 통해 '꺼내보는 연습(인출)'을 시키는지 확인한다. 이렇게 해야 학습한 내용이 머릿속에 오래 기억된다.

엄마의 역할이 2% 부족하면
효과는 0%

아무리 좋은 학원에 보내도, 엄마가 관리의 끈을 놓으면 효과는 떨어질 수밖에 없다. 아이의 학습이 학원에서 제대로 이루어지고 있는지 꼼꼼하게 확인하는 것은 부모님의 몫이다. 그럼 학원 다니는 효과를 200%로 끌어올리려면 어떻게 해야 할까?

가장 중요한 것은 숙제 관리다. 아직 어린 초등학생들은 시키는 대로 학원에 다니고 숙제도 대충 하는 경우가 많다. 오래 생각해야 하는 문제도 그냥 넘어가거나 휘갈겨 풀고 빨리 놀고 싶어 한다. 그러나 이런 식으로 숙제를 하면 여러 가지 문제가 생긴다. 계산 실수가 잦아지고, 문제를 제대로 읽지 않고 푸는 습관이 생기고, 집중력 없이 문제를 푸는 게 당연해지고, 오랫동안 고민해야 얻을 수 있는 문제 해결 능력은 키울 수 없게 된다. 이런 안 좋은 습관들은 나중에 중고등학교 가서 수학을 어려워하게 되는 근본적인 원인이 된다.

이렇게 숙제를 대충 하고 학원에 가면 어떤 일이 벌어질까?

강의식 학원에서는 수업 시작하면 숙제 풀이를 해준다. 숙제를 제대로 안 해 온 아이는 오답 정리도 엉망일 테고, 문제를 깊이 고민해보지 않았으니 선생님 설명을 들어도 잘 이해가 안 되고 수업 내용이 겉돌게 된다. 숙제 풀이가 끝나고 다음 단원 개념 설명이 시작되면, 이전 단원 복습도 제대로 안 됐으니 수업 이해는 더 어려워진다. 결국 학원 수업을 따라가지 못하고 수학에 흥미를 잃어서 학원 옮겨달라고 떼쓸 가능성이 크다.

반면 개별 관리식 학원에서는 아이가 숙제를 제대로 해오고 오답까지 완벽하게 끝내야 다음 진도를 나가기 때문에, 숙제를 날림으로 해 온 아이는 수업 시간 내내 숙제 오답만 하다가 시간이 다 갈 수도 있다. 복습이 충분히 안 되면 무리하게 진도를 나가지 않기 때문에, 진도는 엄청나게 느려질 수밖에 없고, 응용이나 심화 문제는 아예 시도조차 못 할 수도 있다.

어떤 형태의 학원이든 숙제를 제대로 안 해 가면 학원에서 얻을 수 있는 효과는 거의 없다고 봐야 한다.

숙제 제대로 하는 습관 만들기

이런 상황을 막으려면 숙제 관리가 필요하다. 아이가 학원에서 돌아오면 바로 숙제를 마무리하도록 지도하고, 채점 후 틀린 문제는 반드시 다시 풀게 해야 한다. 문제집이나 연습장에 풀이 과정을 꼭 쓰게 하고, 풀이가 부족한 문제는 맞았더라도 다시 제대로 풀어서 설명해보라고 시키는 것도 좋은 방법이다. 이렇게 했는데도 아이가 도저히 못 푸는 문제는 별표를 쳐서 학원에 가서 질문하도록 한다.

학원 다니는 효과가 미미하다면 점검해볼 것

혹시 우리 아이가 학원을 다니는데 성적이 오르지 않는다면, 이런 사항들을 꼼꼼하게 점검해본다.

혹시 아이가 열심히 안 하고 있지는 않은가? 숙제도 대충 하고, 수업 시간에 딴 생각만 하는 경우도 많다. 엄마가 가라고 하니 그냥 학원에 앉아만 있는 것이다. 소위 '전기세만 내고 다니는' 상황일 수 있다.

아이가 너무 바쁜 건 아닌가? 요즘 초등학생들 스케줄을 보면 학원이 빼빽하게 들어찬 경우가 많다. 교과 수학, 사고력 수학, 예체능, 논술까지, 이렇게 학원을 많이 다니면 정작 중요한 수학을 제대로 공부할 시간이 부족해진다. 제대로 된 수학 공부는 학원에서 배운 내용을 복습하고, 숙제를 꼼꼼히 하고, 어려운 문제는 오랫동안 고민해서 풀어내는 과정인데, 학원에 치이는 아이들은 이런 여유를 갖기 힘들다.

<u>학원에서 숙제를 너무 많이 내주지는 않는가?</u> 제대로 공부하려면 숙제를 꼼꼼히 해야 하고 시간이 오래 걸리는데, 숙제 양이 너무 많으면 아이들은 대충 하게 된다. 그러면서 계산 실수, 문제 제대로 안 읽기, 집중력 부족, 모르는 문제 그냥 넘어가기 같은 안 좋은 습관만 생기게 된다.

<u>학원에서 진도를 너무 빨리 나가지는 않은가?</u> 수학은 정확하게 이해해야 하는 과목이다. 100% 알아야 한 문제를 맞힐 수 있다. 빠른 진도를 소화하고 심화까지 해내는 것은 극소수의 아이들만 가능하다. 대부분의 아이들은 진도가 너무 빠르면 수업 내용을 제대로 따라가지 못하고, 개념 이해도 부족해서 숙제하는 데 어려움을 겪는다. 숙제를 제대로 못 하니 복습도 안 되고, 다음 진도를 따라가지 못하는 악순환에 빠지게 된다. 게다가 빠른 선행을 목표로 하는 학원은 쉬운 교재만 선택하는 경향이 있어서, 깊이 있는 학습이나 심화 학습은 제대로 이루어지지 않을 가능성이 높다.

<u>혹시 강의식(주입식) 학원의 한계에 부딪힌 건 아닐까?</u> 대부분의 수학 학원은 선생님이 개념을 설명하고 문제 풀이 방법을 알려주는 방식으로 수업을 진행한다. 이렇게 지식을 전달하는 방식은 아이의 '<u>스스로 공부하는 능력</u>' 자체를 키워주지는 못한다. 결국 아이가 원래 가지고 있던 학습 능력에 따라 받아들이는 정도가 다르고, 이것이 성적 차이로 이어지게 된다. 이런 방식의 학원에서 성

적을 올리는 유일한 방법은 아이를 오랫동안 붙잡고 강제로 많은 양을 공부시키는 것뿐일 수 있다. 강의식 학원은 공부 '양'은 늘릴 수 있지만, 공부를 '잘'할 수 있는 능력까지 키워주지는 못한다.

결국 학원에 다니는 것만으로는 부족하고, 아이 스스로 공부하는 능력을 키우기 위한 별도의 노력이 반드시 필요하다. 그 노력은 바로 꾸준한 독서와 글쓰기, 스스로 개념을 이해하는 연습, 어려운 문제를 포기하지 않고 오랫동안 고민해서 풀어보는 경험 같은 것들이다. 학원의 도움을 받으면서, 동시에 아이 스스로 공부하는 힘을 키워주는 노력을 함께 기울인다면 분명 아이의 수학 실력은 200% 향상될 수 있을 것이다.

💬 사례 1
떠먹여주는 공부에 익숙해진 A 학생의 딜레마

A 학생은 어릴 때부터 늘 선생님이 옆에서 챙겨주는 소규모 학원에서 공부하며 과외처럼 세심한 관리를 받았다. 하지만 스스로 공부하는 자기 주도 학습 경험은 거의 없었다. 이런 아이들의 특징은 선생님이 가르쳐줄 때는 "네, 알겠습니다!" 하지만, 혼자서는 도무지 뭘 해야 할지 몰라 멍해진다는 것이다.

A 학생도 학원에서 선생님 설명을 들을 때는 고개를 끄덕였지만, 혼자 숙제를 하려고 하면 막막해했다. 당연히 성적은 제자리걸

음이었다. 답답한 마음에 과외까지 시켜봤지만 상황은 똑같았다. 다시 과외식 소규모 학원을 찾게 되는 악순환이 반복되었다.

A 학생에게 가장 필요한 것은 '수학 언어'를 스스로 읽고 이해하는 연습이었다. 외국어를 공부하듯이 수학 문제와 개념을 해석하고 머릿속에 저장하는 훈련이 필요했다. 특히 학원에서 배운 내용을 금방 잊어버려서 숙제조차 제대로 하지 못했기 때문에, 해설지를 꼼꼼히 읽고 풀이 과정을 연습장에 따라 쓰면서 이해하는 연습부터 시작했다. 스스로 문제를 해결하는 힘을 키우기 위해서였다. 해설지를 봐도 이해가 안 되는 부분은 선생님이 다시 설명해줬다. 이 과정을 통해 A 학생은 비로소 혼자 숙제하는 방법을 익히고, 수학 언어 독해 능력도 조금씩 키울 수 있었다.

사례 2
3년 동안 숙제만 베낀 B 학생의 슬픈 비밀

B 학생은 초등학생 때부터 3년 동안이나 학원을 다녔는데, 성적은 늘 바닥을 벗어나지 못했다. B 학생을 가르쳐보고 3년 동안 숙제를 거의 베껴서 해 왔다는 충격적인 사실을 발견했다. B 학생과 학원 정규 수업 시간 외에 딱 2시간만 학원에 남아서 공부하고, 그 시간에 할 수 있는 만큼만 숙제를 하기로 약속했다.

B 학생은 개념 이해력은 나쁘지 않았지만, 지금까지 너무 수

동적으로 공부해서 배운 내용을 자기 머릿속에 제대로 정리하고 연결하는 능력이 부족했다. 그래서 개념 수업 후에는 반드시 복습 시간을 갖고, 개념 테스트를 봤다. 놀랍게도 B 학생은 개념 테스트를 준비하는 데 거의 한 시간이 걸렸다. 이전에는 개념을 대충 듣고 바로 문제만 풀었으니 오답이 많고 정답률이 낮았는데, 한 시간 동안 개념을 꼼꼼히 복습한 후 다시 문제를 풀게 했더니 정답률이 두 배 이상이나 올라갔다.

개념 테스트 방법은 간단했다. 개념서 소제목을 보고 말로 설명하게 하거나, 소제목만 적힌 시험지에 관련 내용을 직접 써보게 했다. 그리고 나서 개념서를 보면서 스스로 채점하고, 부족하거나 잘못 쓴 부분은 파란색 펜으로 고치도록 했다. 선생님은 최종적으로 수정된 개념 테스트를 확인했다.

숙제 베끼는 습관을 고치기 위해, 학원 오는 날 2시간 일찍 와서 자습 시간을 갖도록 했다. 그 시간에 숙제를 정리하고, 모르는 건 해설지를 꼼꼼히 읽으면서 스스로 해결하도록 유도했다. B 학생 스스로 '내 공부'를 하고 있다는 느낌을 갖도록 격려해줬다. 수학이 약한 아이일수록 해설지를 제대로 활용하는 것이 중요한데, 그러려면 숙제를 베끼는 수동적인 자세부터 바꿔야 한다. 정해진 시간 동안만이라도 제대로 집중해서 숙제하고, 모르는 건 그냥 넘어가지 않고 개념 복습이나 해설지 독해를 통해 정확히 이해하도록 지도하는 것이 효과적이었다.

사례 3
언어 능력은 뛰어나지만 수학 점수는 제자리였던 C 학생의 숨겨진 문제

C 학생은 어릴 때부터 책도 많이 읽고 글쓰기, 논술, 한자 공부도 꾸준히 해서 언어 능력은 또래보다 훨씬 뛰어났다. 그런데 희한하게 수학 시험만 보면 점수가 기대에 못 미쳤다. 확인해보니 숙제를 베껴서 해왔다는 것을 알게 되었다.

C 학생이 문제를 푸는 것을 옆에서 지켜보니, 수학 개념 자체를 정확히 이해하지 못하고 엉뚱한 방법으로 풀거나 계산 실수를 연발했다. 그러니 응용 문제나 심화 문제는 당연히 풀 수 없었고, 숙제를 내줘도 베끼는 것 외에는 다른 방법이 없었던 것이다.

이 문제를 해결하기 위해 C 학생과는 '묻고 답하기'를 통해 개념을 정확하게 이해했는지 확인하는 작업을 집중적으로 했다. 문제를 풀 때는 해설지를 꼼꼼히 읽으면서, 배운 개념을 문제에 어떻게 적용해야 하는지를 하나하나 짚어줬다. 계산 실수를 줄이기 위해 연습장에 풀이 과정을 자세히 쓰면서 정확하게 계산하는 연습도 꾸준히 시켰다. 특히 숙제 양을 아이가 감당할 수 있는 만큼으로 조절하면서, 빨리 끝내는 것보다 정확하게 푸는 것에 집중하도록 유도했다.

📕 사례 4
독서력은 좋지만 연산에서 발목 잡힌 D 학생의 반전 드라마

D 학생은 중학교 1학년 때 학원에 왔는데, 전에 다니던 대형 학원 진도가 너무 빨라서 중학교 1학년 1학기 과정부터 완전히 막혀서 수포자가 될 위기에 처해 있었다. 상담을 해보니 책도 많이 읽어서 이해력 자체는 문제가 없었다. 문제는 기본적인 연산 능력이었다.

전에 다니던 학원 진도가 너무 빠르다 보니, 새로 배우는 중학교 1학년 1학기 개념에 익숙해질 시간이 부족했던 것이다. 대형 학원처럼 진도 위주로 빠르게 나가는 경우, 연산 연습을 충분히 하지 않으면 아무리 똑똑한 아이라도 수업을 따라가기 힘들어질 수 있다.

D 학생에게 중학교 1학년 1학기 연산 문제집부터 다시 풀게 하면서, 새로운 수학 용어와 정수, 유리수, 문자와 식 같은 기본적인 개념에 익숙해질 시간을 충분히 줬다. 틀린 문제도 꼼꼼하게 다시 풀면서 중학교 1학년 1학기 과정을 차근차근 다시 진행했다. 중학교 1학년 때 배우는 새로운 용어와 연산 규칙에 익숙해지자, 중학교 1학년 2학기 과정부터는 중학교 과정을 아주 무난하게 소화했다. 이처럼 독서를 통해 언어 능력과 개념 이해력이 뛰어난 아이가 중학교 수학을 힘들어한다면, 의외로 기본적인 연산 능력이 부족한 경우가 많다. 이럴 때는 연산 문제집부터 차분하게 다시 시키면 아이는 금세 어려움을 극복하고 다시 앞으로 나아갈 수 있다.

네 가지 사례를 통해 아이들이 학원에 다녀도 성적이 오르지 않는 다양한 이유들을 살펴봤다. 단순히 학원에 보내는 것만이 능사가 아니라, 아이의 학습 상황을 꼼꼼히 살피고, 아이에게 맞는 학습 전략과 습관을 만들어주는 것의 중요성을 다시 한번 확인할 수 있었다.

· 6장 ·

압도적 1등급의
7가지 비밀

오랜 시간 아이들을 가르치면서, 고등학교에서 압도적인 1등급을 받는 아이들과 그렇지 못한 아이들 사이에는 분명한 차이가 있다는 것을 깨달았다. 요즘 학군지 수학 시험은 선생님들조차 혀를 내두를 정도로 어려워졌다. 시간 안에 다 풀기도 힘들 정도다. 그럼에도 1등급을 놓치지 않는 아이들은 과연 어떤 특별한 능력을 가지고 있을까? 27년간의 경험을 바탕으로, 수학을 잘하는 아이들과 어려워하는 아이들의 결정적인 7가지 특징을 속 시원하게 풀어보고자 한다.

수학 잘하는 아이들의
7가지 비밀

① 한번 배운 개념은 절대 삭제하지 않는 개념 저장 능력

단순히 개념을 이해하는 건 9등급 중 3등급 정도까지는 대부분 할 줄 안다. 하지만 1등급을 받는 아이들은 개념 이해는 기본! 한번 머릿속에 넣은 개념을 오랫동안 잊지 않는 개념 저장 능력이 탁월하다. 이 아이들은 새로운 개념을 배울 때, 그냥 받아들이는 게 아니라 '왜 그럴까?' 끊임없이 질문하고 따져가며 자기만의 방식으로 완벽하게 이해하려고 노력한다. 그래서 처음 개념 공부하는 데 시간이 오래 걸리지만, 일단 제대로 이해하면 문제를 풀 때 정답률도 높고, 시간이 지나도 잘 잊어버리지 않는다.

개념 이해력을 키우는 데 독서가 큰 도움이 된다는 건 이미 잘 알려진 사실이다. 그렇지만 1등급 아이들처럼 개념 저장 능력을 높이려면 특별한 노력이 필요하다. 그 비법은 바로 글쓰기이다. 글쓰기는 주어진 정보를 분석하고 정리해서 자기만의 언어로 다시 만들어내는 과정이다. 꾸준히 글쓰기 연습을 하면 수학 개념을 머릿속에 오랫동안 저장하는 능력이 자연스럽게 향상된다. 특히 수학 일기를 쓰면 아주 효과적이다. 그날 배운 수학 내용을 마치 보고서 쓰듯이 정리하는 행위이다. 시중에 나와 있는 사고력 교재나 논서술형 교재 중에 수학 일기와 비슷한 형태가 있으니 활용해서 연습할 수 있다.

일상생활에서는 아이에게 설명하는 연습을 시키는 것도 좋은 방법이다. 영화를 보거나 놀이공원에 다녀온 후 "어땠어?" 하고 물어보면, 아이는 자기가 경험한 일들을 순서대로 재구성해서 설명한다. 이런 설명하기 활동이 개념 저장 능력을 키울 수 있다.

② 미취학, 초등 시절부터 차곡차곡 쌓아온 학습 내공

명문대 출신 부모님들의 자녀가 생각보다 좋은 대학에 못 가는 경우를 종종 보게 된다. 왜 이런 현상이 나타날까? 예전과 달리 아이들이 공부를 시작하는 시기가 점점 빨라지고 있다. 많은 부모님들이 미취학 시기부터 경쟁하듯이 아이들에게 공부를 시킨다. 문제는 이렇게 어릴 때부터 쌓인 학습량이 결코 무시할 수 없는 수준이라는 것이다.

대부분 명문대 나오신 부모님들은 자녀도 자기처럼 알아서 잘할 거라고 생각하시는 경향이 있다. 하지만 요즘처럼 유혹거리가 많은 시대에는 아이 혼자 알아서 공부하기가 쉽지 않다. 게임이나 SNS 같은 중독성 강한 것들에 한번 빠지면 헤어나오기 힘들다. 이 유혹을 잘 이겨낸 아이들이 중학생쯤 돼서 공부를 시작한다면, 이미 어릴 때부터 꾸준히 공부해온 아이들과 학습량에서 큰 차이가 날 수밖에 없다. 내신으로 대학 가기 어려워 수능에 매달리지만, 재수생, 삼수생과의 경쟁에서 밀려 원하는 대학에 가지 못하는 경우가 생긴다. 이제는 미취학, 초등 시절부터 수학을 차근차근 '빌드업'하는 것이 선택이 아닌 필수가 되었다고 해도 과언이 아니다.

③ 성실함과 끈기로 똘똘 뭉친 좋은 태도

1등급을 받는 아이들은 학교에서든 학원에서든 자신의 일에 최선을 다하고, 쉽게 포기하지 않고 끈기 있게 노력하는 좋은 태도를 가지고 있는 경우가 많다.

이런 좋은 태도를 길러주려면 결과나 재능보다는 과정과 노력을 칭찬해주어야 한다. 특히 아이에게 "넌 수학에 재능이 있는 것 같아"와 같은 칭찬은 절대 금물이다. 아이들은 자신이 재능 있다는 것을 증명하기 위해 쉬운 과제만 골라서 하고, 어렵거나 실패할 가능성이 있는 과제는 피하게 된다. 수학을 못하는 아이로 자라날 가능성이 커지게 된다. 수학은 실패를 두려워하지 않고 어려운 문제에 끈기 있게 도전해야 실력이 는다.

대신 이런 칭찬을 자주 해야 한다. "○○이가 큐브를 꾸준히 연습했더니 정말 잘하게 됐네! 포기하지 않고 끝까지 열심히 하는 모습이 정말 멋지다." "피아노 처음 배울 때 힘들었지만, 포기하지 않고 꾸준히 하니까 실력이 많이 늘고 재미있어졌지? 계속 노력하면 점점 더 잘하게 되고 재미있어질 거야."

④ 탄탄한 기본 공부머리

수학 1등급을 받는 아이들은 확실히 기본적인 공부머리를 가지고 있다. 물론 유전적인 영향도 있겠지만, 뇌 과학에서는 꾸준한 노력으로 어느 정도 머리가 좋아질 수 있다고 이야기한다. 이것을 신경가소성이라고 한다.

　수학 공부를 예로 들어 설명하면, 수학 공부를 계속하다 보면 수학에 필요한 여러 가지 '무기(武器)'들이 뇌에 장기기억으로 저장된다. 여기서 무기란 방정식, 함수, 도형, 확률 등에 대한 탄탄한 개념과, 그것들을 푸는 데 필요한 수학적 사고력, 문제 해결 능력, 추론 능력, 계산력, 이해력 등이다. 문제를 봤을 때 어떤 개념을 가져다 써야 할지 번쩍 떠오르고, 여러 개념들을 조합해서 문제 풀이 과정을 설계할 수 있게 된다. 바로 이 상태를 우리는 흔히 '수학머리가 있다'고 표현한다.

⑤ 어떤 어려움에도 굴하지 않는 해결 의지

수학 1등급 아이들은 어려운 문제를 절대 포기하지 않고 끝까지 해결하려는 강한 의지를 보인다. 특히 충분히 고민해보지도 않았는데 누가 힌트를 주거나 설명해주는 것을 정말 싫어한다. 이 아이들은 스스로 어려운 수학 문제를 풀었을 때 느껴지는 짜릿한 도파민을 즐기는 것 같다.

　이런 끈기를 키워주려면 아이 스스로 고민하고 해결할 시간을 충분히 줘야 한다. 그것을 통해 아이들이 수학의 재미에 푹 빠지게 만들어야 한다. 아이가 오랫동안 고민해서 어려운 문제를 해결했을 때는 아낌없는 칭찬과 격려로 응원해주되, 부모라는 조력자는 한 발짝 물러서서 아이를 믿고 기다려줄 수 있어야 한다.

⑥ 스스로 성장하는 혼공 시간 확보

아이들은 고등학생이 되면 자기 스스로 공부하는 시간을 최대한 늘리려고 노력한다. 그래서 학원도 정말 필요한 곳 1~2개 정도만 다니려고 한다. 고등학교 때는 학원을 너무 많이 다니면 내신이나 수행평가를 제대로 준비하기 힘들어서 1등급 받기가 어렵다고 생각해야 한다.

그럼 고등학교 때 혼자 공부하는 시간을 확보하고 학원을 줄이려면 어떻게 해야 할까? 바로 초등 시기부터 다양한 과목의 기본을 탄탄하게 만들어놔야 한다. 경험상 어릴 때 엄마표로 아이와 함께 해주기 좋은 과목은 독서와 영어라고 생각한다. 꾸준히 습관을 들여주면 학원에 다니는 것 못지않은 효과를 보는 경우가 많다. 영어를 초등 시기에 어느 정도 완성해놓으면 중학교 때부터는 다른 과목에 집중할 시간을 벌 수 있다. 특히 독서를 많이 하면 국어와 사회 과목도 어느 정도 메이드된다. 그럼 중학교 때는 수학과 과학에 집중할 시간을 확보할 수 있고, 고등학교에 가서는 가장 어려운 과목인 수학에 충분한 시간을 투자해서 1등급을 노릴 수 있게 된다.

⑦ 넘어져도 다시 일어나는 **회복 탄력성**

어려운 난관에 부딪혀도 쉽게 좌절하지 않고 잘 이겨내고, 심지어 그 과정을 즐기기까지 하는 강한 멘탈과 회복 탄력성은 어떻게 길러야 할까? 적절한 결핍과 역경이 필요하다. 너무 편안하게만 자란 아이는 작은 어려움에도 쉽게 포기할 수 있다. 따라서 아이들에게 때로는 힘든 과제를 던져주고, 가끔은 비가 와도 우산을 가져다주지 않거나 스스로 밥을 차려 먹는 상황도 만들어줘야 한다. 수학 공부를 할 때도 너무 쉬운 문제만 풀게 하지 말고, 적절한 도전 문제를 제시해서 힘들지만 결국 극복할 수 있다는 경험을 심어주어야 한다.

수학을 어려워하는 아이들의 7가지 공통점

초등학생 때부터 수학을 어려워하다가 수포자가 되는 아이들에게도 몇 가지 공통적인 특징이 나타난다.

① 스스로 생각하는 힘이 부족한 **의존성**

선생님에게 지나치게 의존하는 경향이 있다. 조금만 생각하면 풀 수 있는 문제도 바로 질문하고, 개념도 스스로 이해하려는 노력이 부족하다. 이런 아이들은 학년이 올라갈수록, 개념이 점점 어려워

질수록 엄마표에서 학원으로, 학원에서 과외로 옮겨 다니지만 수학을 포기하게 되는 경우가 많다. 처음 엄마표로 수학 공부를 시작할 때 너무 친절하게 모든 것을 알려주기보다는, 최대한 스스로 공부할 수 있도록 부모는 조력자 역할에 머물러야 한다.

② 시키는 대로만 하는 **수동성**

자기 스스로 필요성을 느껴서 하는 공부가 아니라, 엄마가 시키니까 억지로 한다. 엄마를 위해 희생하는 것처럼 생각하기도 하고, 나중에는 공부를 안 하겠다며 부모에게 으름장을 놓는 아이들도 있다. 학원에서 숙제를 안 해왔다고 연락이 와서, 부모가 주의를 주자 "엄마가 시켜서 억지로 학원 다니는데 숙제까지 하라고 하면 학원 그만두겠다"라고 했다는 이야기는 정말 안타까운 현실을 보여주는 사례다.

이렇게 되면 부모는 계속 아이에게 끌려다니게 된다. 따라서 공부를 시작하기 전에 먼저 아이의 자립을 목표로 양육해야 한다. 그리고 공부는 자기 자신을 위해서 하는 것이라는 것을 끊임없이 강조해야 한다. 가능하면 학원도 아이가 보내달라고 할 때 보내고, 어려운 경제 상황에서 부모가 이만큼 지원한다는 것을 인식시켜야 아이도 감사한 마음으로 열심히 다닐 수 있다. 절대 "네가 좋은 대학 가서 돈 많이 벌면 엄마한테 용돈 줘야 해" 같은 말은 해선 안 된다. 아이의 자립을 원한다면 부모도 나이 들어 자녀에게 의존하지 않고 자신의 삶을 살고 자립해야 한다.

③ 현실 세계와 단절된 게임 및 전자기기 과몰입

게임이나 SNS 통제가 제대로 안 되는 경우다. 밤새도록 휴대폰만 보거나 게임을 하고, 숙제도 제대로 못 한 채 학원에 와서 잠만 자는 아이들이 의외로 많다. 심지어 재수생 중에도 이런 경우가 있다니 정말 심각한 문제다. 당연히 이런 습관으로는 좋은 성적을 기대하기 어렵다. 휴대폰은 최대한 늦게, 필요하다면 폴더폰으로 사주는 것도 고려해볼 만하다. 휴대폰 없이 학교 과제나 학원 숙제는 컴퓨터나 태블릿 PC 등을 활용하고, 카톡이나 네이버 밴드 같은 필요한 앱만 깔아서 사용하도록 할 수도 있다.

　내 아이들의 경우, 첫째 딸은 중학교 1학년 때, 둘째 딸은 중학교 2학년 때 스스로 공부하는 습관이 확실히 들었을 때 휴대폰을 사줬다. 그랬더니 아이들 스스로 필요할 때만 휴대폰을 사용하고, 통제하는 능력이 생겼다. 스터디 카페 갈 때는 집중이 안 된다며 아예 휴대폰을 집에 놓고 가기도 했다. 휴대폰과 전자기기를 얼마나 늦게 접하게 하느냐가 아이들 공부에 정말 중요한 핵심이라고 해도 과언이 아니다.

④ 글자 읽는 것 자체가 고통스러운 독서 기피

책 읽는 것을 극도로 싫어한다. 그림이나 만화가 없는 글줄만 있는 책은 아예 쳐다보지도 않는다. 그러다 보니 당연히 교과서를 제대로 읽지 못하고, 수학 공부도 개념 학습 단계부터 어려움을 겪게 된다. 아이의 독서 습관은 미취학 시기와 초등학교 저학년 때 부모님의 헌신적인 책 읽어주기를 통해 만들어진다. 이 시기를 놓치면 정말 걷잡을 수 없다는 것을 명심하고, 힘들더라도 꼭 독서 습관을 만들어주어야 한다.

⑤ 공부 자체에 흥미가 없는 학습 의욕 부재

공부를 통해 작은 성취감을 맛본 경험이 없거나, 어릴 때부터 억지로 시키는 양치기식 공부 때문에 학습에 대한 흥미를 완전히 잃어버린 경우다. 부모님들은 이런 아이의 문제를 유명한 공부 캠프나 빡센 윈터 스쿨에 보내면 갑자기 동기 부여가 될 거라고 착각하지만, 그런 노력은 일시적인 효과만 있을 뿐 장기적으로 지속되기는 어렵다. 그러므로 초등학교 저학년에 처음 수학을 공부할 때, 단순 반복 학습으로 수학에 질리게 하면 안 된다. 적은 양이라도 스스로 오랫동안 고민해서 해결하는 방식으로 수학 공부에 재미를 느끼게 해줘야 한다. 반복적인 연산보다는 흥미 위주의 보드게임이나 창의사고력 수학을 접하게 하는 것도 좋은 방법이다.

⑥ 계획적인 노력이 부족한 습관 및 루틴 부재

공부를 잘하는 아이들은 양치질을 하듯이 매일 꾸준히 공부하는 습관이 들어 있다. 피겨 여왕 김연아 선수가 그토록 열심히 연습하는 이유는 '그냥' 열심히 하는 것이 습관이 되었기 때문이다. 안 하면 오히려 불편한 거다. 양치질이 습관이 되면 안 하면 찝찝해서 스스로 하게 되고, 운동이 습관이 되면 안 하면 몸이 뻐근한 것처럼 말이다. 습관과 루틴은 반복적인 행동을 통해 만들어진다. 아이와 함께 학습 계획을 세우고, 정해진 시간에는 꾸준히 공부하는 습관을 길러주어야 한다. 일본의 유명한 소설가 무라카미 하루키는 45년째 새벽 4시에 일어나 오전 12시까지 글을 쓰고, 오후 2시까지 운동, 저녁 8시까지 독서 및 음악 감상 후 9시에 잠드는 규칙적인 생활을 유지하고 있다고 한다. 공부 역시 마찬가지이다. 꾸준한 루틴을 만드는 것이 성공의 지름길이다.

⑦ 배워도 돌아서면 까먹는 휘발성 뇌

게임을 많이 하는 아이들에게서 두드러지는 특징인데, 배운 내용을 금방 잊어버리는 것이다. 독서와 글쓰기를 통해 어느 정도 예방할 수 있지만, 이미 이런 상황이라면 다음과 같은 노력을 통해 극복해 나가야 한다. 개념 테스트나 묻고 답하기를 통해 배운 내용을 다시 꺼내보는 연습(인출)을 꾸준히 하고, 개념 노트를 정리하면서 자기만의 언어로 재구성하는 연습을 하는 것이 도움이 된다. 또한 새로운 단원을 배울 때마다 이전에 학습했던 내용을 누적해서 복습하는 것도 잊어선 안 된다.

수학을 잘하는 아이들과 어려워하는 아이들은 겉으로 보이는 성적뿐만 아니라, 공부하는 태도, 습관, 그리고 뇌를 사용하는 방식까지 여러 면에서 뚜렷한 차이를 보인다. 우리 아이가 어떤 유형에 더 가까운지 객관적으로 파악하고 부족한 부분을 채워나갈 수 있도록 꾸준히 지도할 수 있어야 한다.

초등 3학년 수학
실력 진단표

초등 3학년은 아직 어려서 섣불리 판단하기는 어렵지만, 그동안 아이들을 가르쳐온 경험을 바탕으로 보면 대략적인 수학 실력 수준을 이렇게 나눠볼 수 있다.

(1) 최상위권(~10%)
① 선행이 자연스럽게 2~3년 빠르다
② 심화 문제를 스트레스 없이 푼다
③ 수학에 호기심과 흥미가 많다
④ 엄마가 당연하다고 생각하고 넘어간 수학의 근본적인 원리에 대한 질문을 한다(예: 직사각형의 넓이는 왜 가로 곱하기 세로야?)

(2) 상위권(10~30%)
① 개념 독학이 가능하다
② 최상위를 풀리면 하이레벨에서만 어려움을 겪는다. 보통 하이레벨 2~3문제 질문하고 나머지는 스스로 해결한다.
③ 독서를 좋아하고 많이 해서 문해력이 높다
④ 사고력 수학 문제 푸는 것을 좋아한다

(3) 중위권(30~50%)
① 개념 교재만으로도 연산이 해결된다. 연산 교재를 따로 쓰지 않아도 된다.
② 디딤돌 응용이나 쎈수학까지는 무난하게 풀 수 있다
③ 설명을 하면 잘 이해한다
④ 수학을 좋아하지는 않지만, 그래도 하려고 한다

(4) 중하위권(50%~)
① 독서 습관이 부족해서 글이 많은 문제를 이해하지 못한다
② 진도를 나갈 때는 반드시 연산 교재를 써야 한다
③ 개념 교재부터 오답이 많고, 계산 실수를 자주 한다
④ 개념 설명이나 문제 설명을 여러 번 반복해야 이해한다

3부

수학 공부머리, 타고나는 게 아니라 만들어지는 것이다

수학머리는 타고나는 게 아니다. 부모가 만드는 것이다. '우리 아이는 수학머리가 없어'라고 말하기 전에, 아이의 메타인지, 개념 이해, 문제 접근 방식을 점검해야 한다. 사고력은 훈련으로 길러지고, 그 출발점은 부모의 말 한마디, 질문 한 줄이다. 수학적 두뇌를 키우는 구체적인 방법, 여기 다 담았다.

· 1장 ·

'우리 아이는 수학머리가 없어요'의 진실

아직 초등학교 3학년일 뿐이니 걱정할 것 없다. 지금부터 시작해도 수학머리를 키울 수 있는 기회는 얼마든지 있고, 시간도 충분하다.

    초등 시기 수학 공부머리에 가장 큰 영향을 주는 것은 바로 독서와 다양한 체험 활동이다. 책을 통해 언어능력이 쑥쑥 자란 아이들은 수학 개념을 마치 쉬운 이야기를 읽듯이 술술 이해하고, 문장으로 길게 나오는 심화 문제도 곧잘 풀어낸다. 아울러 꾸준히 글쓰기까지 했다면, 논리적으로 생각하는 힘, 즉 수학적 사고력도 자연스럽게 발달하게 된다.

    어릴 때 블록, 레고, 큐브, 종이접기, 보드게임, 사고력 수학 같은 활동들을 신나게 즐겼던 아이들은 어려운 문제를 마치 재미있는 놀이처럼 생각하고, 두려움 없이 도전하고 즐기는 경향이 있다.

하지만 혹시 우리 아이가 이런 활동들을 많이 못 했다고 너무 걱정하지 않아도 된다. 정답은 바로 수학 공부를 열심히 하는 것이다. 놀랍게도 수학 공부를 하면 할수록 아이의 머리는 점점 더 똑똑해진다. 수학이라는 학문 자체가 다른 모든 과목을 공부할 수 있는 기본적인 학습 능력을 키워주기 때문이다. 대학에서 문과 학생을 뽑을 때도 수학 실력을 중요한 기준으로 보는 이유가 바로 그것이다.

쓰면 쓸수록 똑똑해지는 신경 가소성의 비밀

최근 뇌 과학 연구를 보면, 우리 뇌는 우리가 어떻게 활용하느냐에 따라서 스스로 구조를 바꾼다고 한다. 이것을 신경 가소성이라고 부른다. 쉽게 말하면, 뇌를 자꾸 사용하면 그 부분이 발달하고, 새로운 연결 통로가 만들어진다는 것이다. 그러니 누구나 꾸준히 노력하면 학습 능력을 향상시킬 수 있다.

비록 지금은 더딜지라도 꾸준히 공부하면, 뇌 속의 신경 세포(뉴런)들이 서로 연결되는 새로운 통로(시냅스)들이 계속해서 만들어진다. 이런 연결 통로들이 장기기억의 기반이 된다. 수학 개념을 공부하면 이런 연결 통로가 생겨나고, 그 개념을 이용해서 다양한 문제를 풀고 연습하면 그 연결 통로들은 점점 더 튼튼하고 강력해진다. 이렇게 연결망이 강화되면 학습하는 속도가 점점 빨라지고, 더 많은 연습을 할 수 있게 되면서 뇌 연결망은 더욱 튼튼해지는 선순환이 일어난다.

수학 공부는
뇌라는 밭에 씨앗을 심고 가꾸는 과정

수학 공부를 꾸준히 하다 보면, 수학을 하는 데 필요한 다양한 무기들이 뇌에 저장된다. 여기서 무기란 방정식(수와 연산), 함수(규칙성), 도형, 확률과 같은 기본적인 개념들과, 그것들을 이용해서 문제를 풀 때 필요한 수학적 사고력, 문제 해결 능력, 추론 능력, 계산력, 이해력 같은 능력들을 말한다. 이런 무기들이 잘 갖춰지면 문제를 봤을 때 어떤 무기를 꺼내서 사용해야 할지 떠오르고, 여러 개의 무기들을 조합해서 문제를 해결할 수 있게 된다. 수학을 잘하는 아이들은 머리가 원래 좋아서 잘하는 게 아니라, **수학 공부를 꾸준히 많이 했기 때문에 머리가 똑똑해지고 수학을 잘하게 된 것**이다.

그러니 지금 우리 아이가 수학을 좀 어려워하더라도 조급해하지 않고 꾸준히 수학 공부를 해나가면 된다. 그러다 보면 수학에 대한 기본적인 개념들이 뇌 속에 차곡차곡 쌓이고, 그 개념들끼리 서로 연결되기 시작하면서 수학 실력은 분명히 향상될 것이다.

수학 잘하는 아이의 뇌는
'탄탄한 연결망'으로 이루어져 있다

수학을 잘하는 아이들은 수학과 관련된 튼튼한 뇌 연결망을 많이 가지고 있다.

우리가 공부하면서 새로운 개념을 이해하고, 그것을 다시 복습하면 그 개념과 관련된 뇌 연결망이 새롭게 만들어진다. 여기서 개념은 뇌의 신경 세포인 뉴런에 해당하고, 그 연결망은 뉴런과 뉴런 사이를 이어주는 시냅스에 비유할 수 있다. 수학을 잘하는 아이들은 이런 개념들이 뇌 속에 아주 튼튼하게 저장되어 있어서, 필요할 때마다 서랍에서 물건을 꺼내듯이 바로바로 끄집어낼 수 있다. 이렇게 하려면 꾸준한 연습과 반복적인 복습이 필수적이다.

특히 복습할 때는 그냥 책을 다시 읽는 것보다 떠올리기 연습(인출 연습)을 하는 것이 훨씬 효과적이다. 떠올리기 연습은 책을 보지 않고 배운 내용을 백지에 써보거나 엄마에게 설명하는 것을 의미한다. 단순히 교재를 읽고 다시 보는 수동적인 복습과는 완전히 다른 능동적인 학습 방법이다. 학습이 끝나면 교재를 덮고 오늘 배운 내용을 머릿속으로 다시 한번 떠올려보는 것이다.

빠른 선행보다 중요한 건
깊이 있는 학습과 꾸준한 연습

수학은 반복적이고 꾸준한 연습을 통해 뇌 속에 튼튼한 연결망을 만드는 데 집중해야 하는 과목이다. 따라서 눈앞의 빠른 선행보다는 개념을 단계별로 완벽하게 이해하고 넘어가는 깊이 있는 학습이 훨씬 더 중요하다. 이런 연습을 통해 수학과 관련된 다양한 연결망들이 뇌 속에 튼튼하게 자리 잡히면, 나중에는 훨씬 많은 양의 수학 공부를 쉽고 빠르게 해낼 수 있는 능력이 생겨서 수학을 더 잘하게 된다.

만약 우리 아이가 지금 수학을 좀 어려워한다면, 조급하게 선행 학습을 시키기보다는 현재 배우는 내용을 중심으로 꼼꼼하게 익히고, 심화 문제까지 도전하면서 깊이 있는 학습을 진행하는 것이 훨씬 효과적이다. 그렇게 하다 보면 학습한 개념들에 대한 뉴런과 시냅스의 연결이 점점 더 강력해지고, 아이의 학습 속도도 자연스럽게 빨라져서 수학 공부를 점점 더 재미있어하게 될 것이다.

우리 뇌는 새로운 수학 개념을 공부할 때, 처음 가보는 낯선 길처럼 헤매고 어려움을 느낄 수 있다. 하지만 꾸준히 노력해서 뉴런과 시냅스라는 길을 만들고, 그 길을 반복해서 다니다 보면 어느새 익숙해지고 빨라질 수 있다.

· 2장 ·

부모의 행동이
오히려 방해가 될 수 있다

미래 사회는 인공지능과 양자 컴퓨터가 이끌어갈 것이다. 이런 시대일수록 수학의 중요성은 더욱 커지고, 수학적 사고력을 가진 인재는 어디에서든 빛을 발할 것이다. 수학적 사고력은 과학적인 근거를 바탕으로 논리적으로 판단하고, 수학이라는 강력한 언어를 사용해서 복잡한 사회 현상까지 명쾌하게 분석해낼 수 있다. 이런 핵심 능력을 키우는 '수학 공부머리'를 만드는 과정에서, 때로는 부모님의 행동이 오히려 방해가 될 수 있다.

왜 대학 입시에서
수학이 그렇게 중요할까?

우리가 수학을 공부하는 진짜 이유는 단순히 시험 점수를 잘 받기 위해서가 아니다. 수학 공부를 깊이 있게 하다 보면 자연스럽게 <mark>수학적 사고력</mark>이라는 아주 특별한 능력이 길러진다. 이 능력은 논리적이고 체계적으로 생각하는 힘을 말하는데, 신기하게도 수학뿐만 아니라 <mark>다른 모든 학문을 공부하는 데 엄청난 도움</mark>을 준다. 실제로 유명한 수학자 중에는 데카르트처럼 철학자인 경우도 많았다는 사실에서도 수학이 거의 모든 학문의 기초 체력이 된다는 것을 알 수 있다.

지금 초등학교에서 배우는 수학은 바로 이런 수학적 사고력을 키우는 데 초점을 맞춰서 구성되어 있다. 부모님 세대가 배웠던 산수와는 완전히 다르다. 이를 제대로 이해하지 못하고 예전 방식대로 아이들 수학을 가르치거나 잘못된 방향으로 이끌면, 우리 아이의 미래를 위한 중요한 기회를 놓칠 수 있다.

우리가 배웠던 '산수'와 지금 배우는 '수학'은
완전히 다르다

내가 초등학교 다닐 때(1982~1988년, 4차 교육과정)만 해도 수학을 산수라는 과목으로 배우면서 주로 빠르고 정확한 계산 능력을 키우는 데 집중했다. 주판을 튕기듯 숫자를 빨리 더하고 빼는 훈련을 많이 했다. 그러다가 5차 교육과정(1989~1995년)부터 수학 익힘책이 생기면서 교과서에서 조금씩 심화 문제가 다뤄지기 시작했다. 이때부터 초등학생들이 수학을 꽤 어려워하는 경우가 많아졌다. 6차 교육과정(1996~2000년)에 들어서면서는 사고력과 응용력이 더욱 중요해졌고, 실생활과 관련된 문장제 문제나 여러 단원의 개념을 섞은 융합 문제들이 등장하기 시작했다. 이 시기 초등 수학은 역대 가장 어려웠다는 평가가 있을 정도다. 여기까지가 부모 세대가 경험했던 초등 수학이라고 할 수 있다.

지금 우리 아이들이 배우는 초등 수학은 어떻게 달라졌을까?

지금 초등 수학 교과서를 보면, 단순히 숫자를 나열하고 계산하는 문제보다는 실생활에서 일어나는 다양한 상황을 제시하고, 그 상황 속에서 해당 단원의 수학 개념이 어떻게 활용되는지를 아이들이 자연스럽게 이해하도록 설명하고 있다. 아이들의 창의성, 추론 능력, 자료 해석 능력, 문제 해결 능력은 물론, 수학 공부에 임하는 태도와 친구들과 의사소통하는 능력까지 키우는, 생각하는 힘을 길러주는 수학적 과정을 아주 중요하게 생각한다.

아이들은 단순히 주어진 정보를 바탕으로 정답을 찾는 것을 넘어, 자신만의 방법으로 문제를 해결하고, 그 추론 과정을 글로 쓰거나 말로 설명해야 한다. 예전처럼 개념을 어렴풋이 알고 문제 푸는 기술만 좋아서는 안 된다. 문제 하나하나에 숨어 있는 수학 개념을 정확히 이해하고, 왜 그런 방법으로 풀었는지 그 과정을 설명할 수 있어야 한다. 이런 과정을 통해 아이들은 탄탄한 수학적 사고력을 키우고, 스스로 공부하는 수학 공부머리를 발달시키게 된다.

정답만 맞히는 공부는 이제 통하지 않는다!
'왜'를 아는 것이 핵심

곱셈식을 나눗셈식으로 나타내어 봅시다.

- 사과의 수를 곱셈식으로 나타내고, 그렇게 나타낸 이유를 말해 보세요.

  7 × ☐ = ☐

- 곱셈식을 나눗셈식으로 나타내고, 그렇게 나타낸 이유를 말해 보세요.

  ☐ ÷ ☐ = ☐   ☐ ÷ ☐ = ☐

초등 교과서 문제를 보면 예전처럼 단순히 계산 결과만 쓰는 것이 아니라, 자신이 그렇게 답을 쓴 이유를 조목조목 설명하도록 요구하고 있다. 따라서 정확한 이유를 모르고 어설프게 공부하면 낭패를 보기 십상이다.

예전 교육과정으로 초등 수학을 배웠던 부모님들은 무의식적으로 자신들이 익혔던 방식으로 아이들을 지도할 가능성이 높다. 반복적인 연산 문제 풀이만 강조하거나, 아이가 제대로 이해하지 못했는데도 빠른 진도만 고집할 수도 있다. 개념은 제대로 알지 못한 채 어려운 심화 문제에만 매달리게 할 수도 있다. 이런 잘못된 방식은 미래를 준비하는 초등 교육의 방향과 전혀 맞지 않고, 결과보다는 과정을 중요하게 생각하는 현재의 평가 방식에도 어긋난다. 지금 초등학교 평가는 단순히 시험점수라는 결과만 보는 것이 아니라, 수업 태도, 지식 습득 정도, 문제 해결 능력 등 다양한 측면을 종합적으로 평가한다. 지필 평가뿐만 아니라 수행평가(아이 스스로 탐구하고 발표하는 활동 등)도 아주 중요하게 생각한다. 따라서 '왜 그런지' 정확히 알지 못하고 답만 척척 맞히는 부모님 세대의 공부 방식은 현재의 교육 트렌드와는 맞지 않는다는 것을 꼭 기억해야 한다.

변화된 초등 수학 교육에
발맞춰

결국 미래 시대에 우리 아이가 핵심 인재로 성장하기 위해서는, 단순히 계산 능력만 뛰어난 아이가 아니라 스스로 생각하고 문제를 해결하는 수학적 사고력을 가진 아이로 키워야 한다. 변화된 초등 수학 교육의 방향을 제대로 이해하고, 아이가 개념을 깊이 있게 이해하고, 자신의 생각을 논리적으로 설명하는 연습을 할 수 있도록 지원해줄 수 있어야 한다.

· 3장 ·

수학 실력을 좌우하는 메타인지 학습법

우리 아이가 수학을 곧잘 한다면, 혹시 '머리가 좋아서 그런가?' 하고 생각한 적이 있으실 것이다. 반대로 어려워한다면 '수학적 감각이 없는 건가?' 하고 걱정했을 수도 있다. 하지만 오랜 시간 아이들을 지켜본 결과, 수학을 잘하고 못하고를 가르는 가장 핵심적인 차이는 바로 메타인지 능력에 있다.

수학을 잘하는 아이는 '아, 이 정도 공부해야 내가 배운 걸 진짜 내 머릿속에 저장할 수 있겠구나' 하는 자기 객관화가 잘 되어 있다. 반면에 수학을 어려워하는 아이는 '음, 이 정도면 안 것 같은데?' 하는 주관적인 느낌과 실제 시험에서 필요한 '진짜 아는 정도' 사이에 큰 차이가 있는 경우가 많다. 그래서 열심히 공부했다고 생각했는데, 막상 시험을 보면 엉뚱한 결과가 나온다.

그렇다면 우리 아이의 메타인지 능력을 어떻게 키워줄 수 있을까? 핵심은 개념 공부 후, 제대로 이해했는지 스스로 확인하는 과정과 공부한 내용을 오랫동안 기억하도록 뇌에 저장하는 훈련을 꾸준히 하는 것이다.

우리 아이 '진짜 수학 실력' 키우는
6가지 메타인지 학습법

① 개념 복습 (상위권 맞춤형)

이미 기본적인 학습 습관이 잘 잡힌 상위권 아이들에게 추천하는 방법이다. 처음 개념 공부할 때 모든 내용을 완벽하게 외우려고 애쓰기보다는, 문제를 풀다가 막히는 순간 다시 해당 개념 부분을 찾아가서 복습하는 것이다. 실제로 아이들을 가르쳐보면, 개념 공부 후 바로 문제를 풀면 틀리는 경우가 많다. 대부분은 개념을 잊어버렸거나, 제대로 이해하지 못해서 못 푼다. 이때 아이에게 "어떤 부분을 다시 보면 좋을까?" 하고 콕 짚어준 후, 그 부분을 복습하고 다시 문제를 풀게 하면 신기하게도 스스로 해결하는 경우가 많다.

핵심은 막히는 문제에 너무 오래 매달리기보다는, 그 문제와 관련된 개념을 빠르게 찾아 복습하는 것이다. 문제 풀이 과정을 통해 자연스럽게 개념을 다시 확인하고, 문제와 함께 개념을 익히는 이 방법은 뇌 과학에서 망각 후 재학습이라고 해서 장기기억 형성에 효과적인 방법으로 알려져 있다. 잊어버릴 만할 때 다시 복습하는 것이 기억을 훨씬 더 오래 지속시키는 비결이다.

② 개념 필사 (저학년 및 하위권 맞춤형)

아직 개념 학습 습관이 제대로 잡히지 않은 저학년이나 수학을 어려워하는 아이들에게 추천하는 방법이다. 우리 뇌와 손은 신기하게도 서로 연결되어 있다. 아무리 이해가 안 되는 내용이라도 직접 손으로 쓰기만 하면 뇌가 활성화되면서 이해에 도움을 받을 수 있다. 개념 필사는 바로 이런 원리를 이용하는 것으로, 개념 공부가 끝난 후 교과서나 개념서에 있는 개념 내용을 그대로 천천히, 꼼꼼하게 손으로 써 내려가는 것이다. 이때 중요한 것은 단순히 베껴 쓰는 것이 아니라 손으로 쓰면서 천천히 내용을 읽고, 머릿속으로 그 의미를 생각하면서 써야 한다는 것이다. 그냥 의미 없이 기계적으로 베껴 쓰는 것은 효과가 없으니 주의해야 한다.

③ 개념 요약 정리 (중위권 이상 맞춤형)

개념 학습이 끝난 후, 배운 내용을 자신만의 언어로 다시 정리하는 방법이다. 단순히 베껴 쓰는 필사보다 조금 더 발전된 형태라고 할 수 있다. 공부한 내용을 오랫동안 기억하려면, 뇌 속에서 그 정보를 새로운 방식으로 재구성하고, 서로 연결하는 능동적인 작업이 필요하다. 노트에 개념을 요약 정리할 때는 나중에 추가할 내용이 생기면 업데이트할 수 있도록 여백을 충분히 남겨두는 것이 좋다. 이렇게 꼼꼼하게 정리된 개념 노트는 나중에 개념이 헷갈리거나 잊어버렸을 때, 두꺼운 개념서를 다시 찾아보는 대신 간편하게 참고할 수 있는 아주 훌륭한 나만의 개념 사전이 될 수 있다.

④ 백지 개념 테스트 (전 학년 효과)

배운 개념을 오랫동안 기억하지 못할 때 아주 효과적인 방법으로, 뇌 과학에서 회상하기라는 이름으로 강력하게 추천하는 학습 전략이다. 회상하기는 책이나 노트를 보지 않고, 머릿속에 떠오르는 대로 내용을 적어보는 것을 의미한다. 시험을 보는 것과 비슷하다고 생각하면 편하다. 특정 단원에 대해 개념 공부를 마쳤다면, 그 단원의 주요 내용이 무엇이었는지 하얀 백지에 떠올리면서 써본다. 처음에는 막막하고 어려울 수 있다. 그럴 때는 개념서에 있는 소제목들을 먼저 적어놓고, 각 소제목에 해당하는 내용을 떠올리면서 써보는 것부터 시작해도 좋다. 익숙해지면 아예 백지 한 장에 그 단원의 모든 개념을 한번에 써보게 한다.

    백지 개념 테스트는 정답지가 따로 없기 때문에, 테스트가 끝난 후에는 반드시 개념서를 다시 보면서 자신이 부족하게 쓰거나 틀린 부분을 다른 색깔 펜으로 보충하도록 해야 한다. 예를 들어 테스트는 검은색 펜으로, 보충은 파란색이나 빨간색 펜으로 한다. 이렇게 하면 내가 무엇을 정확히 모르거나 부족하게 이해하고 있는지 한눈에 명확하게 파악할 수 있다. 개념 테스트는 한 번만 하고 끝내는 것이 아니라, 일정 시간이 지난 후 다시 반복해서 완벽하게 쓸 수 있을 때까지 꾸준히 연습한다.

백지 개념 테스트 1단계 예시 : 소제목 적기 • 초3-1 평면도형

1. 선의 종류와 특징에 대해 설명해 보세요.

2. 각, 직각에 대해 설명해 보세요.

3. 삼각형, 직각삼각형 대해 설명해 보세요.

4. 정사각형, 직사각형에 대해 설명해 보세요.

백지 개념 테스트 2단계 예시 : 전체 개념 한 번에 적기 • 초3-1 평면도형

Q. 평면도형에 대해 설명해 보세요.

⑤ 개념 설명 (전 학년 효과)

이 방법은 말 그대로 내가 마치 선생님이 된 것처럼 다른 사람에게 설명하는 것이다. 어떤 개념을 배우고 나서, 그것을 머릿속으로 다시 한번 정리한 후, 말로 조리 있게 설명한다. 집에 칠판이 있다면 칠판을 활용해도 좋고, 없다면 연습장에 그림을 그리거나 써가면서 설명해도 괜찮다. 중요한 점은 개념서 내용을 그대로 읽는 것이 아니라, 내 머릿속에 있는 내용을 끄집어내서 설명해야 한다는 것이다. 설명하기는 단순히 말하기일 뿐만 아니라 쓰기를 통해서도 할 수 있기 때문에, 뇌에 가장 깊이 각인되는 효과적인 방법이라고 할 수 있다.

처음 설명하기가 어렵다면, 먼저 간단하게 설명할 내용의 순서(개요)를 적어보는 것도 좋은 방법이다. 백지 개념 테스트의 소제목 적기와 비슷하다. 작성한 개요를 보면서 살을 붙여서 자세하게 설명한다.

> **개요작성 예시 · 초3-1 평면도형**
>
> 1. 선의 종류와 특징 : 선분, 반직선, 직선
>
> 2. 각과 직각의 뜻
>
> 3. 삼각형과 직각삼각형의 뜻
>
> 4. 정사각형과 직사각형의 공통점과 차이점

개념서를 펼쳐놓고 내용을 보면서 설명하는 건 머릿속에 잘 저장되지 않는다. 반드시 개념서 내용을 충분히 숙지한 후, 머릿속으로 떠올리면서 설명하는 연습을 해야 개념을 오랫동안 기억할 수 있다.

설명하기의 또 다른 장점은 정확하게 이해하지 못한 부분을 스스로 발견할 수 있다는 점이다. 겉으로는 다 아는 것 같아도 막상 말로 설명하려고 하면 매끄럽게 표현이 안 되는 부분이 생기기 마련이다. 바로 그 부분이 제대로 이해하지 못한 부분이니, 다시 복습해서 정확히 알고 설명하기를 반복해야 한다.

설명하기를 할 때 엄마가 옆에서 아이의 설명을 주의 깊게 듣고 질문을 던져주면 학습 효과는 더욱 높아진다. "그 부분은 왜 그렇게 되는 거야?" "그걸 어떻게 다른 방법으로 설명할 수 있을까?" 와 같은 질문을 통해 아이는 다시 한번 생각하고 자신의 이해도를 점검할 수 있다. 따라서 설명하기는 가능하다면 엄마와 함께 하는 것을 추천한다.

이 방법은 개념뿐만 아니라, 틀린 문제를 다시 공부하는 오답 정리를 활용할 때도 아주 유용하다. 틀린 문제를 그냥 다시 푸는 것보다 틀린 이유와 해결 과정을 말로 설명하면서 오답 노트를 정리하면 훨씬 오랫동안 기억에 남는다.

⑥ 개념 누적 복습 (기억력 향상)

배운 개념을 자꾸 잊어버린다면, 개념 누적하기 방법을 활용해본다. 새로운 내용을 배울 때마다 이전에 배웠던 내용을 함께 복습하는 방법이다. 예를 들어 1단원 개념 공부가 끝나고 2단원 백지 개념 테스트나 개념 설명을 할 때, 1단원 개념을 먼저 간단하게 복습하고 2단원 내용을 공부한다. 3단원을 공부할 때는 1단원과 2단원 개념을 다시 한번 떠올리고 3단원 내용을 학습한다. 시간이 더 걸리고 조금 귀찮을 수 있지만, 이렇게 꾸준히 누적해서 복습하는 것은 장기 기억 형성에 아주 효과적이다.

일상생활 속
메타인지 키우기 훈련

- **분류하고 구분하는 연습:** 식당에 가서 "A 식당 돼지갈비랑 B 식당 돼지갈비는 뭐가 다른 것 같아?" 하고 물어보거나, 침대를 살 때 아이 스스로 마음에 드는 것을 고르게 하고, 왜 그 침대가 좋은지, 다른 침대는 왜 싫은지 이유를 설명하게 한다.
- **평가하고 정리하는 연습:** 수학 공부 후에는 수학 일기를 쓰면서 오늘 공부한 내용을 스스로 평가하고 정리하게 하고, 책을 읽고 나서는 독서록을 쓰면서 책 내용을 요약하고 자신의 생각을 정리하게 한다.
- **발전을 위한 대화:** 공부를 할 때는 "어떻게 하면 더 효과적으로 공부할 수 있을까?", 시험을 보고 나서는 "다음에 똑같은 문제를 안 틀리려면 어떻게 해야 할까?", 운동을 할 때도 "어떻게 하면 공을 더 잘 맞힐 수 있을까?"와 같이 앞으로 더 나아지기 위해 필요한 것이 무엇인지 아이와 함께 이야기 나눈다.

메타인지 능력을 키우는 핵심은 아이가 자기 자신에 대해 잘 알도록 돕는 것이다. 내가 무엇을 좋아하고 왜 좋아하는지, 무엇을 해야 나에게 도움이 되는지를 스스로 깨닫도록 옆에서 끊임없이 질문하고 생각할 거리를 던져주는 것이다. 부모님이 모든 것을 결정해주기보다는, 아이가 스스로 많은 것을 선택하고 결정할 수 있도록 격려한다. 요리하는 것도 좋은 훈련이 될 수 있다. 라면을 끓이더라도 "어떤 식으로 끓여야 제일 맛있을까?" 하고 스스로 생각하고 시도해보는 경험은 학습 능력 향상에 긍정적인 영향을 준다. 아이가 스스로 "엄마, 나한테는 이런 방식이 더 잘 맞는 것 같아! 내가 해보니까 이게 제일 효과가 좋았어!"라고 이야기할 수 있도록 끊임없이 대화하고 지지해준다.

· 4장 ·

수학적 사고력이 폭발하는
문제풀이 4단계

단순히 문제만 많이 푼다고 수학적 사고력이 저절로 길러지는 것은 아니다. 수학 문제도 생각하는 과정에 집중해서 풀어야 진짜 실력이 쌓인다. 수학적 사고력을 높이는 문제 풀이 4단계를 소개한다.

1단계 문제 제대로 읽고 핵심 잡기:
문제 이해 및 개요 작성

문제를 처음 봤을 때, 출제자가 우리에게 무엇을 물어보는지, 그리고 어떤 힌트(조건)들을 줬는지 꼼꼼하게 파악하는 것이 첫 번째 단계다. 중요한 정보에는 밑줄을 긋거나, 나만의 쉬운 말로 바꿔서 정리해보는 것도 좋은 방법이다.

2단계 머릿속 수학 창고 대방출:
풀이 설계

문제를 제대로 이해했다면, 이제 머릿속에 있는 수학 개념들을 하나씩 떠올려본다. "이 문제를 풀려면 어떤 개념이 필요할까?" 하고 스스로 질문해본다. 만약 어떤 개념을 써야 할지 감이 안 온다면, 개념 노트를 다시 한번 훑어보면서 힌트를 얻을 수 있다. 그래도 어렵다면, 비슷한 유형의 문제를 어떻게 풀었는지 살짝 참고하는 것도 괜찮다.

필요한 개념들을 찾았다면, 이제 주어진 조건과 연결해서 어떤 순서로 문제를 풀어갈지 '작전'을 짜는 단계다. 머릿속으로 풀이 과정을 그려본다. 이때 그림을 활용할 수도 있고, 답을 거꾸로 추론해볼 수도 있고, 아직 모르는 답을 네모(□)로 표시해서 식을 세우거나, 복잡한 정보를 표로 정리해서 풀이 방법을 찾을 수도 있다.

3단계 차근차근 실행하기:
문제 풀기

머릿속에 풀이가 완성됐다면, 이제 차근차근 문제를 풀어보는 시간이다. 이때 계산 실수를 하지 않도록 꼼꼼하게 주의해야 한다. 만약 답이 안 나오거나 틀렸다면 너무 좌절하지 말고, 다른 풀이 방법을 다시 설계해서 새롭게 도전해보는 것도 좋은 경험이 될 수 있다.

4단계 나만의 무기 만들기: 다양한 문제 해결 전략 맛보기

수학 문제를 푸는 방법은 하나만 있는 게 아니다. 여러 가지 비법들을 알아두면 어떤 문제가 나와도 당황하지 않고 해결할 수 있는 힘이 길러진다.

① ☐를 적절히 이용해서 풀기

아직 우리가 모르는 어떤 수를 네모(☐)라고 놓고 문제의 상황에 맞게 식을 세워서 푼다.

> 어떤 수에 3을 곱한 후, 300을 빼면 어떤 수에 100을 더한 것과 같아진다. 어떤 수를 구하여라.

🔒 **문제 분석 및 풀이 설계**

구해야 할 것은 '어떤 수'이다.
더하기, 빼기, 곱하기가 섞인 문제다.
어떤 수를 ☐라고 놓는다.

문제에 해당하는 식을 세운다.

등식의 성질(양변에 똑같은 수를 더하거나 빼도 등식은 성립한다)을 이용한다.

곱셈의 동수누가 원리를 이용한다.

$5 \times 4 = 5 + 5 + 5 + 5$, ☐ $\times 3 =$ ☐ $+$ ☐ $+$ ☐

🔓 개요 작성

어떤 수 = ☐

☐ $\times 3 - 300 =$ ☐ $+ 100$

🔓 풀이

어떤 수를 ☐라고 하면,

☐ $\times 3 - 300 =$ ☐ $+ 100$

☐ $\times 3 - 300 + 300 =$ ☐ $+ 100 + 300$ → 양변에 300을 더한다

☐ $\times 3 =$ ☐ $+ 400$

☐ $+$ ☐ $+$ ☐ $=$ ☐ $+ \underline{200 + 200}$ → 곱셈의 동수누가 원리 이용

☐ $+$ ☐ $= 200 + 200$

☐ $= 200$

② **어림하기**

정확한 답을 구하기 전에, 대략 얼마쯤 될지 먼저 짐작해보는 것도 문제 해결에 큰 도움이 될 때가 있다.

> 100, 101, 102와 같이 연속하는 세 수의 합이 1500일 때, 연속하는 세 수 중 가장 큰 수를 구하여라.

🔓 **문제 분석 및 풀이 설계**

연속하는 세 수의 합이 1500이다.
500 + 500 + 500 = 1500
세 수는 대략 500과 가까운 수이다.
연속하는 수는 하나씩 커지는 수이다.
세 수 중에 하나만 구하면 나머지 수들도 구할 수 있다.
3개의 연속된 수의 합은 가운데 수의 3배와 같다.

🔓 **개요 작성**

연속하는 세 수 합 = 1500
가장 큰 수는?

🔓 **풀이**

500 + 500 + 500 = 1500
499 + 500 + 501 = 1500

> 연속하는 세 수 = 499, 500, 501
> 가장 큰 수는? 501

③ 규칙 찾기

문제를 여러 번 시도하거나 그림을 그려보면서 규칙성을 발견하면 복잡한 문제도 간단히 해결할 수 있다.

> 다음 그림에서 6개의 점을 연결하여 만들 수 있는 선분의 개수를 구하여라.
>
>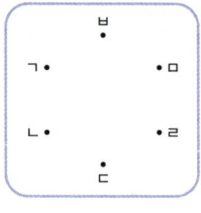

> 🔒 **문제 분석 및 풀이 설계**
>
> 한 점에서 그을 수 있는 선분의 개수를 세어 나가 규칙을 찾는다
> 점 ㄱ에서 그을 수 있는 선분의 개수는?
> 점 ㄴ에서 그을 수 있는 선분의 개수는?
> 규칙은?

🔒 풀이

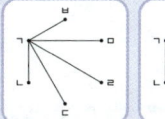 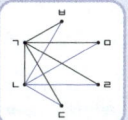 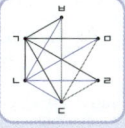 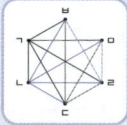 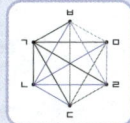

점 ㄱ에서 그을 수 있는 선분 : 5개
점 ㄴ에서 그을 수 있는 선분 : 4개
점 ㄷ에서 그을 수 있는 선분 : 3개
점 ㄹ에서 그을 수 있는 선분 : 2개
점 ㅁ에서 그을 수 있는 선분 : 1개
전체 선분의 개수 5 + 4 + 3 + 2 + 1 = 15(개)

찾을 수 있는 규칙

점의 개수	전체 선분의 개수
6개	5+4+3+2+1=15(개)
7개	6+5+4+3+2+1=21(개)
10개	9+8+7+⋯+1=45(개)

④ 그림을 그려 해결하기

글로만 된 복잡한 문제는 그림으로 바꿔서 표현하면 훨씬 이해하기 쉽고, 해결 방법도 더 잘 보일 때가 많다.

> 길이가 60m인 도로 위에 2m 간격으로 깃발을 꽂으면 몇 개를 꼽을 수 있을까요? 단, 도로의 양쪽 끝에도 깃발을 꽂습니다.

🔒 문제 분석 및 풀이 설계

도로 길이 60m, 깃발 2m 간격

60 ÷ 2 = 30

실제 그림을 그려 추론하기

양쪽 끝도 깃발을 꽂는 경우 (깃발의 개수) = (등분의 개수) + 1

양쪽 끝은 깃발을 꽂지 않는 경우 (깃발의 개수) = (등분의 개수) - 1

🔒 개요 작성

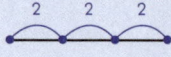

🔒 풀이

길이가 60인 선분에 2간격으로 점을 찍을 수는 없으므로, 길이가 6인 선분을 그리고 2간격으로 점을 찍어 규칙성을 찾는다.

위의 그림에서 길이가 6인 선분을 3등분한 간격보다 하나 많은 깃발을 꽂을 수 있다.
(깃발의 개수) = (등분의 개수) + 1 = 6 ÷ 2 + 1 = 4
따라서, 길이가 60m인 길에 2m 간격으로 깃발을 꽂는다면 60 ÷ 2 + 1 = 31(개)의 깃발을 꽂을 수 있다.

⑤ 거꾸로 풀기

문제의 마지막 결과가 주어지고, 처음 상태를 묻는 문제처럼 순서대로 풀기 어려운 문제는 답부터 거꾸로 추적해가면 쉽게 풀린다.

> 서하는 동화책을 읽고 있는데, 첫째 날은 전체의 $\frac{1}{3}$을 읽고, 둘째 날은 나머지의 $\frac{2}{5}$를 읽었더니, 48쪽이 남았습니다. 동화책은 전체 몇 쪽인가요?

🔒 **문제 분석 및 풀이 설계**

1) 어떤 수의 $\frac{△}{□}$의 값이 주어졌을 때, 어떤 수 구하기
2) 거꾸로 풀기
3) 어떤 수의 $\frac{1}{□}$을 먼저 구한다.
4) $\frac{△}{□} = \frac{1}{□} × △$을 이용한다.

🔒 **개요 작성**

전체의 $\frac{1}{3}$을 읽고, 나머지의 $\frac{2}{5}$를 읽었을 때, 동화책은 몇 쪽?

> 🔓 **풀이**
>
> (1) 나머지의 $\frac{2}{5}$ 를 읽었더니, 48쪽이 남았다
>   - → 나머지의 $\frac{3}{5}$ = 48(쪽)
>   - → 나머지의 $\frac{1}{5}$ = 48 ÷ 3 = 16(쪽)
>   - → 나머지 = 나머지의 $\frac{5}{5}$ = 16 × 5 = 80(쪽)
>
> (2) 전체의 $\frac{1}{3}$ 을 읽었더니, 80쪽이 남았다
>   - → 전체의 $\frac{2}{3}$ = 80(쪽)
>   - → 전체의 $\frac{1}{3}$ = 80 ÷ 2 = 40(쪽)
>   - → 전체 = 전체의 $\frac{3}{3}$ = 40 × 3 = 120(쪽)

이처럼 다양한 문제 해결 전략들을 익히고, 문제를 풀 때마다 어떤 전략을 적용할지 고민하는 연습을 꾸준히 한다면 아이의 수학적 사고력은 놀라울 정도로 향상될 것이다. 수학 문제 풀이는 단순한 계산 연습이 아니라, 생각하는 힘을 키우는 즐거운 모험이다.

· 5장 ·

완전히 '내 것'이 되는
오답 정리법

수학이 어려운 이유는 100%를 알아야 한 문제를 풀 수 있는 과목이기 때문이다. 다른 과목은 어설프게 알아도 문맥을 보고 대충 문제를 풀 수 있지만, 수학은 그렇지 않다. 개념을 정확하게 이해하고 암기하고 있어야 비로소 문제를 풀 수 있는 과목이다. 게다가 문제를 꼼꼼히 분석해서 숨겨진 개념을 끄집어내 활용해야 하고, 풀이 과정에서 단 하나의 계산 실수도 용납하지 않으니, 수학이 어렵게 느껴지는 건 어쩌면 당연한 일인지도 모른다.

하지만 이 모든 어려움을 극복하고 수학 공부머리를 키울 수 있는 아주 확실한 방법이 있다면, 바로 스스로 풀지 못했던 문제, 해설을 보거나 질문해서 겨우 알게 된 문제들을 그냥 넘기지 않고, '오답 정리'를 통해 내 것으로 만드는 훈련이다.

'정확히 안다'는 건 뭘까?

우리가 어떤 내용을 정확히 안다고 말할 때는, 그 정보가 우리 뇌의 장기 기억이라는 튼튼한 저장소에 확실하게 저장되어 있다는 뜻과 같다. 이렇게 장기 기억에 저장된 개념들은 우리가 필요할 때마다 끄집어내서 문제 해결에 활용할 수 있는 강력한 수학 공부머리를 만들어준다.

반대로 스스로 풀지 못하고 해설만 보거나 질문해서 '대충' 알게 된 문제는 금방 머릿속에서 사라져버린다. 그래서 비슷한 유형의 문제가 나와도 또다시 막히게 되는 악순환이 반복된다.

'안다'는 착각에서 벗어나 진짜 실력 키우기

수학을 잘하는 아이들의 공통점은 바로 뛰어난 메타인지 능력을 가지고 있다는 것이다. 메타인지 능력은 쉽게 말해 내가 무엇을 알고 모르는지 정확하게 파악하는 능력이다. 이 능력이 뛰어난 아이들은 스스로 "이 정도면 이제 확실히 알겠다"라고 느끼는 정도와 실제 시험에서 문제를 맞힐 수 있는 정도가 거의 일치한다. 그래서 공부한 만큼 시험 점수가 잘 나온다.

하지만 수학을 어려워하는 아이들은 자신이 '알았다'라고 느끼는 정도가 실제 시험에서 문제를 맞힐 수 있는 '진짜로 아는 정도'와 크게 다르다. 그래서 열심히 공부했다고 생각했는데도 막상 시험을 보면 점수가 기대에 못 미치는 경우가 많다. '안다'는 착각과 '진짜 아는 것' 사이의 큰 차이를 줄이는 가장 확실한 방법이 바로 오답 정리이다.

노트에 풀이 베껴 쓰는 것은
오답 정리가 아니다

모르는 문제를 해설을 보고 노트에 옮겨 적는 것을 오답 정리라고 생각하지만 이것은 단순한 정리일 뿐이다. 베껴 쓰는 당장은 '아, 이렇게 푸는 거구나' 하고 알 수 있지만 막상 비슷한 유형의 문제를 혼자 풀려고 하면 또다시 막막해진다.

진정한 오답 정리는 단순히 눈으로 이해하고 손으로 옮겨 적는 피상적인 행위를 넘어, 충분히 반복해서 문제를 풀고, 그 풀이 과정을 완전히 자기 것으로 체화시키는 능동적인 학습 과정을 의미한다.

단계별 오답 정리 방법:
매주 하루를 정해 4주 동안 동일 문제 반복 풀기

1단계 | 문제 풀이 후 애매하거나 틀린 문제에 꼼꼼하게 표시하기

일주일 동안 수학 문제를 풀면서 정답은 맞혔지만 뭔가 찜찜하거나 확실하게 풀지 못했던 문제, 계산 실수가 아닌 정말 몰라서 틀렸던 문제에 눈에 잘 띄는 체크 표시 ✓를 해둔다.

2단계 | 표시한 문제 정확히 이해하고 다시 풀어보기

표시한 문제들은 그냥 넘어가지 말고 선생님께 질문하거나 해설을 꼼꼼히 읽어보면서 풀이 과정을 명확하게 이해해야 한다. 그런 다음 이해한 내용을 바탕으로 그 자리에서 다시 한번 스스로 풀어본다.

3단계 | 일주일 후, 다시 한번 실력 점검

일주일이 지나고 그동안 표시했던 문제들을 다시 한번 풀어본다. 이때 막힘없이 술술 풀리는 문제는 체크 표시 위에 동그라미를 쳐서 ⓥ 완벽하게 내 것으로 만들었다고 인증한다. 여전히 풀리지 않는 문제는 다시 한번 더 표시(✓✓)를 해둔다.

4단계 | 일주일 후, 최종 보스 깨기

새롭게 표시(✓)한 문제들과 지난주에 풀리지 않아서 다시 표시(✓

✓)했던 문제들을 꼼꼼하게 풀어본다. 이때 또다시 틀린 문제는 해설을 보거나 질문을 통해 완벽하게 이해하고, 한 번 더 표시(✓✓✓)한다.

5단계 | 반복하여 완전 정복

시간이 충분히 흐른 뒤(일주일 이상 추천), 마치 처음 보는 문제처럼 느껴질 때 다시 풀어본다. 만약 풀리지 않는다면 다시 해설을 보거나 질문을 통해 이해하고, 다시 체크(✓✓✓✓)한다. 이 과정을 반복하면서 틀린 문제를 완벽하게 격파할 때까지 끊임없이 도전한다.

엄마에게 '설명하기' 비법

아이가 틀린 문제를 엄마에게 설명한다. 아이가 설명을 제대로 못하거나 부족한 부분이 보이면, 엄마가 중간중간 질문을 던져준다. "그 부분은 왜 그렇게 되는 거야? 이 공식을 여기서 왜 사용해야 할까?" 아이가 막힘없이 대답할 수 있을 때까지 다시 준비시키고 설명하게 한다. 이 방법은 오답 정리뿐만 아니라, 새로운 개념을 공부하고 머릿속에 완벽하게 저장하는 데도 아주 효과적이다.

나만의 오답 노트 똑똑하게 만들기!

체계적인 오답 관리를 위해 나만의 오답 노트를 만들어보는 것도 좋은 방법이다. 다음은 오답 노트 작성 양식 예시이다.

<문제 출처>	<오답 반복 풀기 계획>
○○○ 문제집 35쪽 8번	1차 1월 15일 2차 1월 30일 3차 2월 15일 4차 3월 1일
<문제> 차를 타고 70km 떨어진 놀이공원에 가는데 처음에는 시속 80km로 가다가 중간에 시속 100km로 가서 모두 48분이 걸렸다. 시속 80km로 간 거리와 시속 100km로 간 거리를 각각 구하시오.	<개요 작성> ① 70km 거리를 차를 타고 이동 ② 시속 80km와 시속 100km로 이동하여 48분 소요 ③ 각각의 속력으로 이동한 거리는?
<해설지 필사> 시속 80km로 간 거리를 $\square$km라 하면 시속 100km로 간 거리는 $(70-\square)$km이다. 놀이공원까지 가는 데 모두 48분$(=\frac{48}{60}분)$이 걸렸으므로 $\frac{\square}{80} + \frac{70-\square}{100} = \frac{48}{60}$ $5 \times \square + 4 \times (70 - \square) = 320$ $5 \times \square + 280 - 4 \times \square = 320$, 그러므로 $\square = 40$ 따라서 시속 80km로 간 거리는 40km이고, 시속 100km로 간 거리는 30km이다.	<해설지 분석> ① 시속 80km로 간 거리를 $\square$km라고 놓고 식을 만들었다. ② (시간) = $\frac{(거리)}{(속력)}$ 공식 이용

<틀린 이유>	<틀리지 않기 위해 해야 할 일>
1. 어떻게 식을 세워야 할지 몰랐다. 2. 속력 공식의 응용 공식인 (시간) = $\frac{(거리)}{(속력)}$ 을 잊어먹었다.	문제 마지막 줄에서 있는 구하는 것을 □ 라고 하고 식을 만든다. 공식이 기억이 안 날 때는 관련 내용을 복습하고 다시 접근한다.

'포기하지 않는 끈기'가 가장 강력한 무기

수학 공부는 계단을 오르는 것과 같아서, 한 번에 껑충 뛰어오르기보다는 꾸준히 한 계단씩 밟고 올라가야 정상에 도달할 수 있다. 오답 정리는 그 과정에서 넘어지거나 놓친 부분을 다시 한번 꼼꼼하게 확인하고 넘어가는 중요한 과정이다. 당장은 더디게 느껴질 수 있지만, 꾸준히 실천하면 마침내 웃음을 지을 수 있게 된다.

· 6장 ·

수학 사고력을 깨우는
부모의 말 습관

혹시 아이가 무슨 일이든 엉성하게 넘어가는 법 없이 "왜?"라는 질문을 꼬리에 꼬리를 물고 늘어진다면 아주 긍정적인 신호이다! 수학을 잘하는 아이들은 스스로 완전히 이해하고 납득해야 다음 단계로 넘어가는 꼼꼼함을 가지고 있다.

부모님들은 아이들이 던지는 '왜'라는 질문을 귀찮아하지 말고, 그 이유를 끝까지 함께 찾아주는 수학 탐험 메이트가 되어주셔야 한다. 일상생활 속에서 아이에게 자주 '왜'라고 질문하는 습관을 들이는 것이 아이의 논리적 사고력, 즉 수학적 머리를 키우는 아주 효과적인 방법이다.

공부, 왜 해야 할까?

자녀 : 엄마, 왜 공부를 해야 해? 난 공부하는 게 너무 싫어.

엄마 : (과거부터 현재, 미래까지 연결하며 설명) 옛날 원시시대에는 살아남기 위해서 공부를 했어. 맹수를 만났을 때 어떻게 해야 할지, 큰 동물을 잡으려면 어떻게 협동해야 하는지를 서로 알려주고 배우면서 생존율을 높였지. 먹을 수 있는 열매와 독이 있는 열매를 구분하는 것도 아주 중요한 공부였어. 문명이 발달하면서 농사짓는 법, 도구를 만드는 법 등 더 많은 지식이 필요해졌고, 그걸 효율적으로 배우기 위해 학교라는 곳이 생긴 거야. 지금 네가 배우는 초등학교 공부는 우리가 살아가면서 꼭 필요한 기본적인 지식들을 알려주는 곳이야. 예를 들어 수학에서는 돈 계산하는 법, 물건의 길이나 무게를 재는 법, 주변의 여러 가지 도형들을 배우지? 이건 우리가 앞으로 살아가면서 계속 쓰게 될 아주 중요한 지식들이야. 중학교, 고등학교에 가면 좀 더 전문적인 지식을 배우기 위한 준비를 하는 거고, 대학교에서는 복잡한 사회에서 네가 하고 싶은 일을 전문적으로 할 수 있는 깊이 있는 공부를 하게 되는 거야. 결국 공부는 우리가 이 세상에서 스스로 살아남고, 다른 사람들과 함께 잘 살아갈 수 있는 힘을 키우는 과정이

라고 할 수 있지. 요즘 날씨가 엄청 덥거나 춥기도 하지? 이건 지구 온난화 때문인데, 인류가 계속 나쁜 물질을 만들어 내면 지구가 점점 더 뜨거워져서 우리가 살 수 없게 될 수도 있어.

자녀: 내가 크면 지구가 뜨거워서 타 죽는 거야?

엄마: (공부의 긍정적인 힘을 강조하며 미래를 제시) 그걸 막기 위해서 우리가 공부를 하는 거야. 공부의 진짜 목적은 단순히 좋은 대학에 가는 걸 넘어서서, 인류가 오랫동안 행복하게 살아갈 수 있는 더 나은 방법을 찾는 데 있거든. 일론 머스크라는 사람이 화석 연료 대신 전기로 가는 자동차를 만들었잖아. 과학자들이 깨끗한 에너지, 다시 쓸 수 있는 에너지를 계속 연구하고 개발하면 지구 온난화 문제도 해결할 수 있을 거야.

자녀: 나도 커서 일론 머스크처럼 환경을 지키는 멋진 에너지를 개발할 거야!

수학, 왜 배워야 할까?

자녀: 엄마, 수학은 왜 배워야 돼? 맨날 복잡한 것만 나오고 너무 싫어!

엄마 : (수학 공부의 진짜 목적을 설명) 우리가 수학을 공부하면 신기하게도 논리적으로 생각하는 능력이 저절로 자라나게 돼. 물론 초등학교 수학은 네가 물건값을 계산하거나, 시간을 알아야 할 때처럼 일상생활에 필요한 지식을 주기도 하지만, 궁극적으로 수학을 배우는 가장 큰 이유는 바로 생각하는 방법을 배우기 위해서야. 수학 말고 다른 과목을 공부하면서도 생각하는 힘을 키울 수 있지만, 수학만큼 논리적이고 체계적으로 생각하는 능력을 키워주는 과목은 거의 없어. 이걸 수학적 사고력이라고 하는데, 수학 개념을 배우고 그 개념이 적용된 문제들을 풀다 보면 자연스럽게 생겨나는 아주 소중한 능력이지. 그래서 수학을 잘하는 사람들은 논리적으로 말도 잘하고 글도 똑 부러지게 쓰는 경우가 많아. 그리고 정말 신기한 건, 수학 공부를 꾸준히 하다 보면 점점 수학을 더 잘하게 된다는 거야. 왜냐하면 수학 공부를 하면 할수록 생각하는 힘, 즉 문제 해결 능력이 점점 커지기 때문이지!

수학 개념, 왜 그렇게 정해졌을까?

자녀 : 엄마, 삼각형 넓이 구하는 공식 있잖아. 밑변 곱하기 높이 나누기 2. 이거 왜 이렇게 정해진 거야? 그냥 외우려고 하면

너무 어려워.

엄마 : (함께 탐구하며 수학의 논리적인 구조를 설명) 수학에는 그냥 뚝! 하고 정해진 건 하나도 없어. 모든 공식이나 규칙은 다 논리적인 이유를 가지고 만들어진 거야. 수학의 가장 첫 번째 출발점 같은 것들을 정의나 약속이라고 하는데, 모든 수학 지식은 차근차근 논리적인 단계를 거쳐서 만들어진 거란다. 엄마도 삼각형 넓이 공식의 정확한 이유가 지금 바로 떠오르진 않네. 같이 인터넷에서 한번 찾아볼까?

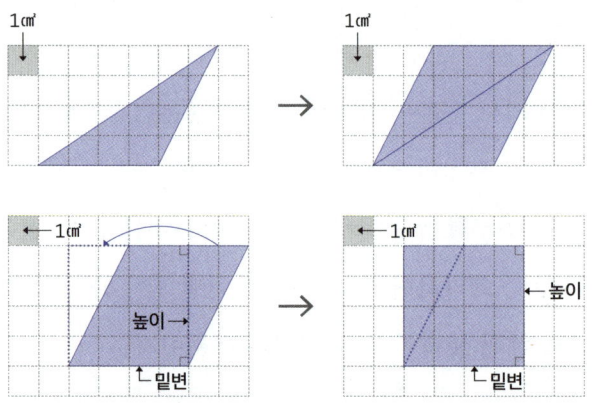

여기 보니까 이렇게 설명되어 있네! 삼각형 두 개를 똑같이 붙이면 평행사변형이 되고, 평행사변형을 적절하게 잘라서 다시 붙이면 직사각형이 된대. 그리고 직사각형은 가로가 몇 개, 세로가 몇 개인지를 세어서 넓이를 구하지? 맨 처음 넓이의 기본 단위는 한 변의 길이가 1인 정사각형의 넓이를

1이라고 약속한대. 여기서부터 모든 넓이 공식이 논리적으로 쭉 연결되는 거래. 신기하지? 엄마한테 다시 설명해줄 수 있겠니?

일상생활 속
'왜?' 질문 던지기

자녀 : 엄마, 난 짜장면이 제일 좋아!

엄마 : (단순한 대답 대신 '왜?' 질문으로 이어가기) 왜 짜장면이 제일 좋아? 짜장면의 어떤 점이 그렇게 좋아?

자녀 : 그냥 좋아!

엄마 : (구체적인 이유를 끌어내기 위한 질문) 그래도 어떤 점이 좋은지 좀 더 자세히 말해줄 수 있을까? 예를 들어 짜장면의 색깔이나 모양이 마음에 들어? 아니면 냄새나 맛이 좋아?

자녀 : 맛이 좋지!

엄마 : (맛에 대한 구체적인 묘사 유도) 맛이 어떻게 좋은데? 달콤해? 아니면 짭짤해? 아니면 다른 특별한 맛이 나?

자녀 : 달콤 짭짤하고, 면을 후루룩 먹을 때 부드러워서 먹기가 편해!

엄마 : 그렇구나! 달콤 짭짤한 맛은 정말 매력적이지. 그리고 면이 부드러운 건 '식감'이 좋다고 말할 수 있겠다. 그럼 짬뽕은

싫어?

자녀: 아니! 짬뽕도 좋아!

엄마: 짜장면하고 짬뽕 중에서 딱 하나만 골라야 한다면 뭘 고를 거야?

자녀: 당연히 짜장면이지!

엄마: 오, 왜 짜장면을 더 좋아해? 짬뽕도 맛있잖아.

자녀: 짬뽕은 맛있긴 한데, 가끔 너무 매울 때가 있어.

엄마: 그렇구나. 그럼 짜장면과 짬뽕은 서로 비슷한 점도 있고, 다른 점도 있겠네? 어떤 점이 비슷하고 어떤 점이 다를까?

자녀: 둘 다 부드러운 면으로 만들어졌지만, 짜장면은 달콤하고 짬뽕은 매콤해. 짜장면에는 고기가 들어있고, 짬뽕에는 해물이 많이 들어있어. 그리고 짬뽕은 국물이 있어서 면이랑 같이 먹을 수 있고, 짜장면은 국물은 없지만 맛있는 짜장 소스에 비벼 먹는 게 특징이야!

이처럼 일상생활 속에서 아이에게 끊임없이 '왜?'라고 질문하고, 아이 스스로 생각하고 답하도록 유도하는 것은 단순히 대화하는 것을 넘어 아이의 논리적 사고력과 분석력을 키우는 아주 효과적인 훈련이 될 수 있다.

초등 수학
단원별 중요도

	수와 연산	규칙성	측정	도형	자료와 가능성
초 3-1	덧셈과 뺄셈 나눗셈 / 곱셈 분수와 소수		길이와 시간	평면도형	
초 3-2	곱셈 / 나눗셈 분수		들이와 무게	원	자료의 정리
초 4-1	큰 수 곱셈과 나눗셈	규칙찾기	각도	평면도형의 이동	막대그래프
초 4-2	분수의 덧셈과 뺄셈 소수의 덧셈과 뺄셈			삼각형 사각형 다각형	꺾은선 그래프
초 5-1	자연수의 혼합계산 약수와 배수 약분과 통분 분수의 덧셈과 뺄셈	규칙과 대응	다각형의 둘레와 넓이		
초 5-2	분수의 곱셈 소수의 곱셈		수의 범위와 어림하기	합동과 대칭 직육면체	평균과 가능성
초 6-1	분수의 나눗셈 소수의 나눗셈	비와 비율	직육면체의 부피와 겉넓이	각기둥과 각뿔	여러 가지 그래프
초 6-2	분수의 나눗셈 소수의 나눗셈	비례식과 비례배분	원의 넓이	공간과 입체 원기둥, 원뿔, 구	

초3 수학에서 이후 초등 수학을 결정하고, 중등 수학에 기초가 되는 중요한 단원은 나눗셈, 분수, 평면도형이다.

나눗셈

나눗셈은 개념 자체도 어렵고, 실제 연산하는 것도 쉽지 않다. 하지만 여기서 개념과 원리를 제대로 이해하지 못하고 넘어가면, 앞으로 수학 공부할 때마다 원리는 등한시하고 그냥 외우려고 하는 나쁜 습관이 생길 수 있다. 그렇게 되면 수학이 재미없는 암기 과목처럼 느껴지고, '수포자(수학 포기자)'의 길로 빠질 수 있으니 개념과 원리를 꼼꼼히 이해하는 것이 중요하다.

분수

분수는 초등학교 3학년 수학에서 제일 중요한 단원이라고 해도 과언이 아니다. 개념도 어렵지만, 4학년부터 6학년까지 계속해서 분수를 배우기 때문에, 3학년 때 분수 개념을 제대로 못 잡으면 앞으로 계속 분수 때문에 힘들어질 수 있다. 초3 수학에서 가장 신경 써야 할 단원이라고 할 수 있다.

평면도형

평면도형은 개념 자체가 엄청 어렵다기보다는, 4학년부터 본격적으로 배우는 평면도형 공부를 위한 선수 학습 같은 단원이다. 여기서 정의와 성질을 정확하게 암기해두어야 나중에 도형 문제를 풀 때 헷갈리지 않고 쉽게 접근할 수 있다. 특히 기본적인 도형 용어들을 잘 알아둬야 한다.

수학 공부가 이토록 재미있다면

수학을 좋아하는 아이는 스스로 공부한다. 억지로 시켜도 오래 못 간다. 수학을 재미있게 느끼는 아이는 놀이처럼 개념을 익히고, 일상 속에서 수학 원리를 발견한다. 수학 일기, 스토리텔링, 몰입 학습 등 흥미를 자극하는 다양한 방법이 있다. 좋아해서 하는 수학이 결국 성적을 만든다.

· 1장 ·

수학을 좋아하게 만드는 5가지 비법

수학, 초등학교 1학년부터 고등학교 3학년까지 무려 12년 동안 꾸준히 달려야 하는 참 길고 긴 레이스다. 수학이 싫다고 안 하면 결국 대학 가기만 힘들어진다. 내가 가르쳤던 똑똑한 외고 학생도 이런 말을 했다. "고등학교 와보니 수학을 정말 많이 해야 하는데, 어릴 때부터 수학이 너무 싫어서 지금 너무 괴로워요."

현실적으로 대학 입시에서 수학은 가장 중요한 과목이다. 좋든 싫든 고등학교 졸업할 때까지 꾸준히 붙잡고 가야 한다. 그러기 위해서는 초등 저학년 때부터 아이가 수학에 질리지 않도록, 수학이라는 과목 자체에 대한 좋은 감정과 재미를 느끼도록 도와주어야 한다.

그럼 어떻게 해야 우리 아이가 수학을 즐겁게, 오랫동안 할 수 있을까? 수학을 좋아하는 아이들은 왜 그렇게 수학을 좋아할까? 비밀은 바로 생각하고 몰입하는 재미에 있다. 꼬리에 꼬리를 무는 질문을 던지고, 어려운 문제를 끙끙거리며 풀어나가는 과정 속에서 느끼는 즐거움, 그리고 마침내 답을 딱! 찾아냈을 때의 그 짜릿한 희열을 한번 맛본 아이들은 수학의 매력에 푹 빠지게 된다.

우리 아이에게도 수학의 진짜 재미를 느끼게 해주고 싶다면, 재미있게, 적은 양을, 하지만 충분한 시간을 가지고 공부할 수 있도록 이끌어줘야 한다.

시간제 학습으로
여유 있게 공부하기

시간에 쫓기듯 후다닥 문제를 풀게 하면 아이들은 수학에 흥미를 느끼기 어렵다. 적은 양의 문제를 풀더라도, 아이 스스로 충분히 생각하고 고민해서 풀 수 있도록 지도해야 한다. 그러기 위해서는 정해진 양을 빨리 끝내는 '양 중심 학습'보다는 일정 시간 동안 충분히 생각하고 정성 들여 풀도록 유도하는 시간제 학습이 효과적이다.

시간제 학습을 통해 아이들은 좋은 공부 습관을 자연스럽게 익힐 수 있다. 예를 들어 복잡한 문제 풀이 과정을 연습장에 차근차근 써 내려가는 습관도 시간제 학습을 통해 쉽게 길러줄 수 있다. 만약 양 중심 학습을 시킨다면, 아이는 어떻게든 빨리 끝내려고 문제집에 대충 풀고 넘어가 버릴 가능성이 크다. 그러나 시간제 학습은 아이에게 연습장에 또박또박 글씨를 쓰면서 풀 수 있는 여유를 주고, 어려운 문제도 엄마에게 바로 물어보지 않고 충분한 시간을 가지고 스스로 다양한 시도를 해보는 즐거움을 경험하게 해준다. 이렇게 시간제 학습은 좋은 습관 형성과 자기 주도적인 수학 공부 능력 발달에 큰 도움을 준다.

적은 양을
오랫동안 하기

수학 공부가 마치 지루한 노동처럼 느껴지지 않게 하려면, 똑같은 유형의 문제나 연산 문제만 계속 반복시키는 것은 피해야 한다. 고등학교에서 진짜 수학 실력을 발휘하는 아이들은 빠르게 계산하는 아이가 아니라, 깊이 생각할 수 있는 아이들이다. 실제로 고등학교 수학 문제에서는 복잡한 계산을 최대한 배제하고, 핵심적인 사고력을 묻는 문제들이 주로 출제된다. 초등학교 때 배웠던 복잡한 소수나 분수 연산, 세 자리 수 곱셈 같은 것들은 거의 나오지 않는다. 왜냐하면 단순 연산은 진정한 수학적 사고력이 아니기 때문이다.

초등학교 6년 동안 배우는 수학은 우리가 살아가면서 필요한 최소한의 것들을 배우는 과정이다. 기본적인 수와 연산, 측정, 간단한 도형 개념 등 초등학교 수학만 제대로 배워도 사회생활에 어느 정도 적응하며 살아갈 수 있을 정도다. 진짜로 생각하는 힘을 키우는 본격적인 수학 공부는 중학교부터 시작되고, 고등학교에서 그 꽃을 활짝 피운다.

그렇다면 '적은 양을 오랫동안' 공부하는 것은 구체적으로 어떤 의미일까? 조금 난도가 있는 문제를 아이에게 충분한 시간을 주고 스스로 풀도록 유도하는 것을 말한다. 아이가 어려워할 때는 바로 답을 알려주기보다는 힌트를 조금씩 주면서 최대한 오랫동안 고민하고 스스로 해결하도록 돕는 것이다. 이 과정에서 엄마와 아이는 서로 질문하고 답하는 상호작용을 통해 대화를 나눌 수 있다. 연산 연습도 연산 문제집만 반복해서 풀리는 것보다는, 기본서에 나오는 연산 문제를 통해 개념을 확실히 익히도록 도와주는 것이 좋다. 예를 들어 아이가 새로운 연산 개념을 배웠다면, 그 개념을 자기 입으로 설명해보라고 시키면서 연산의 규칙을 스스로 깨닫게 하는 것이다. 연산 문제를 틀렸을 때도 "다시 풀어 와!" 하고 야단치기보다는 어디에서 왜 틀렸는지 스스로 파란색 볼펜으로 고쳐보도록 지도하는 것이 좋다. 이렇게 하면 아이는 자신이 틀린 부분을 명확하게 인식하게 되고, 실수를 줄이는 데 도움이 된다. 이런 방식으로 공부하면 기본서에 있는 연산 문제만으로 충분히 연산을 잘할 수 있다. 반복 학습을 줄이기 위해 초등 교과 수학 문제집은 최대 2권 정도만 푸는 것을 추천한다. 아이의 학습 능력에 따라 개념서 2권, 혹은 개념서 1권+응용서 1권, 또는 개념서 1권+심화서 1권 등 아이에게 맞는 조합을 선택하는 것이 좋다. 아이에게 딱 맞는 학습량으로 공부해야 수학에 지치지 않고 즐겁게 할 수 있다.

흥미로운 수학 공부하기

수학을 좋아하게 만들려면 재미있는 수학을 경험하게 해줘야 한다. 수학은 딱딱한 교과서 안에만 있는 것이 아니다. 수학적 사고력을 키워주는 창의 사고력 수학, 우리 생활과 밀접하게 관련된 핀란드 수학처럼 다양한 형태의 수학이 존재한다. 뿐만 아니라 손으로 직접 만지고 조작하면서 수학적 개념을 자연스럽게 익힐 수 있는 블록, 큐브, 레고, 보드게임 등도 아주 좋은 수학 공부 도구가 될 수 있다. 이런 활동들은 당장 눈에 띄는 효과는 없을지 몰라도, 먼 미래에 아이의 수학 공부에 긍정적인 영향을 준다. 특히 어렸을 때부터 블록, 큐브, 레고 등을 가지고 놀았던 아이들은 초등 고학년이 되면서 도형 문제에 자신감을 보이는 경우가 많다. 복잡한 설명서를 보면서 종이접기를 하는 것도 아이들의 수학적 사고력과 문제 해결 능력을 키워주는 데 도움이 된다. 따라서 초등 저학년 시기에는 이런 간접적인 수학 체험 활동을 최대한 많이 경험하도록 해주는 것이 중요하다. 놀이를 통해 수학적 개념을 자연스럽게 익히는 것이다. 사고력 수학이나 핀란드 수학도 아이들이 놀이처럼 수학을 접할 수 있도록 구성되어 있기 때문에, 교과 수학 문제집 푸는 시간을 조금 줄이더라도 이런 재미있는 수학 활동을 경험하게 해주는 것이 장기적으로 훨씬 효과적이다.

어려운 문제에 도전하기

아이가 어려운 문제를 오랫동안 고민해서 스스로 해결했을 때 느끼는 성취감은 정말 특별하다. 엉킨 실타래를 하나씩 풀어나가 마침내 끝을 찾아냈을 때의 그 짜릿함을 경험한 아이들은 수학에 깊이 빠져들게 된다. 힘든 과정을 거쳐서 스스로 답을 찾아냈을 때 뇌에서 분비되는 도파민은 아이에게 큰 기쁨을 주고, 계속해서 이런 즐거움을 맛보고 싶어 하게 만든다. 따라서 조금 어렵더라도 아이가 온전히 자신의 힘으로, 적은 양이라도 좋으니 끝까지 풀어낼 수 있도록 격려한다.

하지만 초등 저학년 심화 교재 중에는 연산 위주의 문제가 많은 경우가 있어서, 오히려 아이에게 수학을 지루하고 힘든 노동처럼 느끼게 할 수도 있다는 점을 주의해야 한다. 그러므로 심화 교재 한 권을 다 풀리는 것에 너무 집착하기보다는, 아이의 성취감을 높여주기 위해 몇 문제 정도만 도전해보는 관점으로 접근하는 것이 좋다. 수학에서 심화는 양날의 검과 같아서, 아이가 수학을 좋아하게 만들 수도 있지만, 반대로 싫어하게 만들 수도 있다. 따라서 항상 적은 양을 아이가 흥미를 잃지 않도록 재미있게 공부시키는 데 집중해야 한다.

'왜?' 질문에 반드시 답해주기

수학을 진정으로 좋아하게 만들려면, 문제뿐만 아니라 수학 개념에 대한 아이의 궁금증을 그냥 넘기지 않고, 충분히 납득될 때까지 끝까지 질문하도록 격려해야 한다. 아이가 개념과 관련된 질문을 던지면, 엄마는 때로는 인터넷을 찾아보더라도 아이가 완전히 이해할 수 있도록 쉽고 명확하게 설명해줘야 한다. 예를 들어 초등학교에서는 삼각형 세 각의 합이 180도라는 것을 종이를 오려서 확인하는 활동을 하지만, 똑똑한 아이들은 '왜 하필 180도'냐는 질문을 할 수도 있다. 이때 '그냥 그렇게 정해진 거야' 하고 넘어가지 않고, 인터넷이나 관련 자료를 찾아보면서 아이가 이해할 수 있는 쉬운 언어로 그 이유를 설명해주어야 한다. 비록 그 내용이 초등학교 교육과정을 넘어서는 것일지라도 아이가 이해할 수 있도록 설명해주면 아이는 궁금증이 해소되면서 수학에 대한 흥미와 호기심을 더욱 키울 수 있다. 만약 아이의 '왜' 질문에 제대로 답해주지 않고 그냥 넘어가면, 아이는 수학을 이유도 모르고 그냥 외워야 하는 암기 과목이라고 생각하게 되고, 질문하는 것을 포기하게 될 수도 있다. 그렇게 되는 순간, 수학은 아이에게 재미없는 지루한 과목으로 전락하고 만다. 그러니 우리 아이의 '왜' 질문을 소중히 여기고, 함께 답을 찾아나가는 즐거운 여정을 만들어주시길 바란다.

· 2장 ·

일상 속 수학 원리를
발견하게 하세요

아이와 재미있는 이야기 나누면서 자연스럽게 수학 원리도 배우고, 수학에 대한 흥미까지 키울 수 있다면 얼마나 좋을까? 딱딱한 문제집 대신, 우리 주변에서 흔히 볼 수 있는 것들을 소재로 수학 이야기를 풀어보는 것은 어떨까. 아이들이 "어? 이것도 수학이랑 관련 있어?" 하면서 눈을 반짝이길 바란다. 우리 아이와 함께 이야기 나눌 만한 흥미로운 수학 이야기다.

꿀벌집과
최대 넓이의 비밀

똑같은 길이의 끈으로 세모, 네모, 오각형, 육각형 등 여러 가지 모양을 만들어보면 어떤 모양이 가장 넓을지 아이와 함께 실험해본다. 신기하게도 원에 가까울수록 넓이가 커진다는 것을 발견할 수 있다.

이 원리는 꿀벌들이 집을 정육각형 모양으로 짓는 이유와도 관련이 있다. 꿀벌들은 가장 적은 재료로 넓은 공간을 만들고 싶어 하는데, 정육각형은 원에 아주 가까운 모양이면서도 틈새 없이 딱 붙어 있는 구조다. 정육각형의 한 내각의 크기는 120도인데, 120도씩 세 개가 모이면 360도가 되어서 빈틈 없이 연결된다. 물론 팔각형이나 더 많은 각을 가진 정다각형이 원에 더 가깝지만, 정육각형은 이런 딱 맞아 떨어지는 각도 덕분에 효율적인 집을 지을 수 있다.

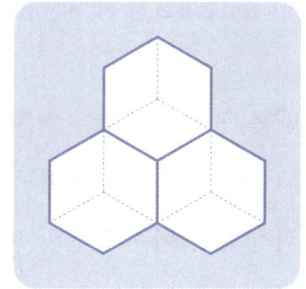

맨홀 뚜껑은 왜 동그라미 뚜껑일까?

길을 가다 보면 맨홀 뚜껑이 대부분 동그란 모양인 것을 볼 수 있다. 아이와 '왜 네모나 세모가 아니고 동그라미일까' 이야기를 나눠보자.

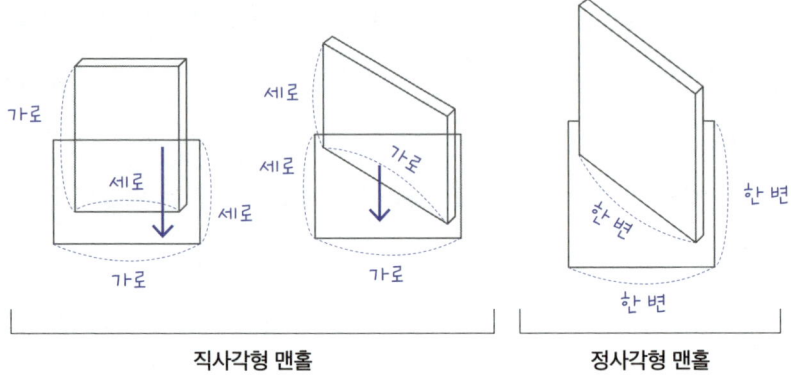

직사각형 맨홀   정사각형 맨홀

직사각형 맨홀과 정사각형 맨홀

맨홀 구멍은 뚜껑이 빠지지 않게 만들어져야 한다. 원은 신기하게도 어느 방향으로 재어도 폭이 항상 똑같기 때문에 굴러 떨어질 염려가 없는 아주 안전한 모양이다. 반면에 네모나 세모 뚜껑은 대각선 방향으로 살짝만 틀어서 넣으면 쑥 빠져버릴 수 있다.

원처럼 폭이 항상 똑같은 도형을 정폭도형이라고 부르는데, 꼭 원만 있는 것은 아니다. 신기한 모양의 도형들도 폭이 일정해서 맨홀 뚜껑이나 자전거 바퀴로 사용할 수 있다. 물론 원이 아닌 정폭도형은 울퉁불퉁해서 부드럽게 굴러가지는 않기 때문에, 대부분의 바퀴는 동그란 원 모양이다. 하지만 다각형인 세모나 네모 바퀴는 아예 굴러가는 것 자체가 불가능한 반면, 정폭도형 바퀴는 신기하게도 굴러가긴 한다.

삼각대의 안정감

사진 찍을 때 쓰는 삼각대나, 캠핑 가서 쓰는 작은 의자들을 보면 다리가 세 개인 경우가 많다. 왜 네 개가 아니고 세 개일까? 지금 당장 이 책을 덮고 손가락 3개를 펴서 책을 들어보자. 손가락 3개만 있으면 접시든 문제집이든 어떤 평면도형도 들 수 있다. 이 원리를 이용한 것이 삼각대이다. 세 개의 점만 있으면 딱 하나의 평면을 만들 수 있기 때문이다.

카메라 삼각대는 세 개의 다리를 이용해서 땅바닥의 울퉁불퉁한 면에 상관없이 항상 안정적인 평면을 만들어서 카메라를 흔들림 없이 고정시켜준다. 만약 다리가 네 개인 의자라면 바닥이 조금만 기울어져도 네 다리가 모두 땅에 닿지 않고 흔들릴 수 있다. 한쪽 다리가 짧은 책상도 덜컹거린다. 평면이 여러 개 결정되기 때문이다. 하지만 다리가 세 개인 의자는 바닥 모양이 어떻든 항상 세 점이 땅에 딱 붙어서 튼튼하게 고정된다. 그래서 평형이 중요한 카메라 장비에는 세 발 삼각대가 필수다.

맞물려 돌아가는 신기한 톱니바퀴

장난감이나 시계, 자전거 등을 보면 톱니바퀴들이 서로 맞물려서 돌아가는 것을 볼 수 있다. 만약 톱니 수가 다른 두 개의 톱니바퀴가 맞물려 있다면, 돌아가는 횟수가 어떻게 달라질까?

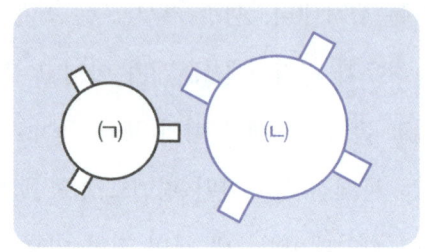

그림처럼 톱니가 3개인 (ㄱ)톱니바퀴와 톱니가 4개인 (ㄴ)톱니바퀴가 맞물려 있다고 생각해보자. (ㄴ)톱니바퀴가 3번 회전하면 총 4×3=12개의 톱니가 맞물려 돌아간다. 그러면 (ㄱ)톱니바퀴도 똑같이 12개의 톱니가 돌아가야 하니까, (ㄱ)톱니바퀴는 12÷3=4번 회전해야 한다. 여기서 중요한 원리도 발견할 수 있다. "맞물려 있는 두 톱니바퀴는 (회전수×톱니 수)의 값이 항상 같다."

이 톱니바퀴 원리는 우리 생활 곳곳에 숨어 있다. 자전거를 보면 페달과 뒷바퀴에 크기가 다른 톱니바퀴들이 연결되어 있는데, 이를 이용해서 언덕길을 오르거나 평지를 빠르게 달릴 때 기어를 조절한다. 페달 쪽 톱니가 크고 뒷바퀴 쪽 톱니가 작으면, 페달을 한 번 돌릴 때 뒷바퀴가 여러 번 회전해서 속도가 빨라진다.

자동차 기어도 마찬가지 원리로 작동한다. 오르막길을 가거나 저속으로 힘이 필요할 때는 톱니의 회전 비율을 조절해서 큰 힘을 내고, 고속으로 달릴 때는 빠른 회전을 할 수 있도록 조절한다. 자전거는 뒷바퀴가 회전해서 움직이는 후륜 방식이고, 마차처럼 앞바퀴가 끌어서 움직이는 방식은 전륜이라고 한다. 자동차는 앞바퀴로 움직이는 전륜 방식도 많다.

아르키메데스 거울의 포물선

아르키메데스의 거울은 신기하게도 포물선 모양을 하고 있다. 포물선은 어떤 직선(준선)과 한 점(초점)으로부터 거리가 똑같은 점들을 쭉 이어서 그린 곡선이다. 이 포물선 거울에는 아주 재미있는 비밀이 숨어 있다. 거울면의 어느 곳에 빛을 비추더라도, 반사된 빛은 항상 초점이라는 한 점으로 모이는 성질이 있다. 오목렌즈가 빛을 한 점으로 모으는 것과 같은 원리다.

    이 원리를 이용해서 태양빛을 포물선 거울에 모으면 엄청난 열이 발생해서 종이에 불을 붙일 수 있다. 또 하늘에 떠 있는 위성 안테나(스카이라이프 안테나)도 포물선 모양을 하고 있는데, 넓은 면적으로 전파를 모아서 초점에 있는 수신기로 보내는 역할을 한다.

    밤에 어둠을 밝히는 자동차 전조등도 같은 원리이다. 전구에서 나온 빛을 포물선 모양의 반사경에 반사시켜서 멀리까지 쭉 뻗어나가도록 만들어준다. 빛이 퍼지지 않고 한 방향으로 나아가기 때문에 어두운 밤에도 앞이 잘 보인다.

매미와 소수의
신기한 규칙

여름에 시끄럽게 울어대는 매미의 수명과 신기한 수학 개념인 소수가 관련이 있다. 소수는 1과 자기 자신으로만 딱 나누어 떨어지는 숫자(2, 3, 5, 7, 11, 13, 17…)를 말한다. 외톨이처럼 자기 자신 외에는 아무하고도 친하게 지내지 않는 수라고 생각하면 된다.

우리나라 참매미는 보통 5년 정도를 땅속에서 애벌레로 지내다가 마지막 몇 달만 땅 위로 나와 짝짓기를 하고 생을 마감한다. 그런데 북미에 사는 어떤 매미들은 수명이 무려 13년이나 17년이나 된다. 학자들은 매미의 수명이 왜 이렇게 5, 7, 13, 17과 같은 소수일까 오랫동안 연구해왔는데, 아주 흥미로운 가설이 나왔다. 바로 천적을 만날 확률을 최대한 줄이기 위해서 수명 주기가 소수가 되었다는 것이다.

만약 매미 수명이 소수가 아닌 6년이라고 가정해보면, 2년마다 번식하는 천적과는 6년마다, 3년마다 번식하는 천적과도 6년마다 마주치게 된다. 이렇게 되면 천적에게 잡아먹힐 가능성이 높아져서 종족을 유지하기가 어렵다. 하지만 매미 수명이 5년(소수)이라면, 2년마다 번식하는 천적과는 10년 만에 한 번, 3년마다 번식하는 천적과는 15년 만에 한 번밖에 만나지 않게 되니까, 훨씬 더 안전하게 번식할 기회를 가질 수 있다.

이처럼 우리 주변의 다양한 현상들을 수학의 눈으로 살펴보면, 딱딱하고 어렵게만 느껴졌던 수학이 훨씬 더 재미있고 신기하게 다가올 수 있다. 아이들과 함께 이런 이야기들을 나누면서 자연스럽게 수학의 원리도 익히고, 수학에 대한 흥미와 호기심을 키워 나가는 건 어떨까?

· 3장 ·

1일 1페이지
수학 일기 쓰기

아이가 수학을 좀 더 깊이 있게 이해하고, 스스로 생각하는 힘을 키우길 바란다면 뜻밖에도 글쓰기가 아주 좋은 도구가 될 수 있다. 글을 쓰려면 머릿속에 있는 생각들을 조리 있게 정리하고, 논리적으로 배열해야 한다. 이 과정이 복잡한 수학 문제를 풀 때 우리가 거치는 생각의 과정과 아주 비슷하다.

특히 수학과 관련된 글쓰기 방법 중에 수학 일기라는 것이 있다. 수학 일기는 그날 배운 수학 내용을 자기만의 방식으로 정리하는 활동이다. 하루일과를 기록하는 일기처럼, 수학 공부 내용을 머릿속에서 꺼내어 글로 써보는 것이다.

수학 일기, 왜 좋을까?

머릿속 정리 정돈, 정보 정리 및 인출 연습

오늘 배운 내용을 마치 백지 개념 테스트처럼 떠올리면서 써보는 것이다. 이렇게 머릿속 정보를 끄집어내는 연습(인출 연습)을 하면, 배운 내용이 오랫동안 기억 속에 남게 된다.

내 실력을 내가 안다, 메타 인지 능력 향상

공부하면서 쉬웠던 점과 어려웠던 점을 스스로 적어보면서, 내가 무엇을 잘 알고 무엇을 잘 모르는지 객관적으로 파악할 수 있게 된다. 이것을 메타 인지 능력이라고 하는데, 이 능력이 향상되면 앞으로 어떻게 공부해야 할지 스스로 계획하고 조절할 수 있게 된다.

문제 전문가가 된다, 문제 완벽 이해

어려웠던 문제의 숫자를 바꿔서 나만의 새로운 문제를 만들어보는 활동이다. 문제를 만든 출제자의 입장에서 생각하면서, 문제의 구조와 핵심 원리를 더 깊이 이해할 수 있게 된다.

우리 아이 수학머리 키우는
수학 일기 쓰는 법!

오늘 공부한 내용을 한 페이지로 정리하기

오늘 공부한 수학 내용 중에서 가장 중요하다고 생각하는 것들만 딱 골라서 한 페이지에 간단하게 적어보는 것이다. 복잡한 설명이나 꾸며주는 말은 빼고, 논리적인 흐름과 핵심 개념만 담는 연습을 하는 과정이다. 아무리 똑똑한 사람이라도 모든 내용을 다 기억할 수는 없기 때문에, 이렇게 핵심만 요약하는 습관은 정말 중요하다. 책의 차례를 먼저 살펴보듯이, 전체 내용을 한눈에 파악하는 능력을 길러준다.

쉽게 이해할 수 있었던 내용 적어보기

오늘 새롭게 배운 내용 중에서 이건 정말 쉽고 재미있었다 하는 부분을 적어본다. 이렇게 쉬웠던 부분을 기록하면, 아이가 어떤 개념에 강점을 가지고 있는지, 어떤 부분을 좋아하는지 알 수 있다. 좋아하는 부분을 중심으로 학습 동기를 더욱 키워줄 수 있다.

어려웠던 부분 적기

반대로 오늘 공부하면서 이 부분은 좀 어렵게 느껴졌다 하는 부분을 솔직하게 적어본다. 어려웠던 부분을 스스로 정리해두면, 다음에 복습할 때 이 부분을 더 집중적으로 봐야 한다는 것을 알 수 있다. 약점을 파악하고 그 부분을 집중적으로 훈련하는 것처럼, 다음 공부를 훨씬 효율적으로 만들어주는 똑똑한 방법이다.

숫자를 바꾼 문제 만들어 풀기

오늘 풀었던 문제 중에서 하나를 골라서, 그 문제에 나오는 숫자만 살짝 바꿔본다. 그리고 바꾼 문제를 다시 한번 풀어보고, 원래 문제와 어떻게 달라졌는지, 난도는 어떻게 변했는지, 풀이 과정은 어떻게 달라졌는지 등을 기록한다. 이 과정을 통해 아이는 문제의 겉모습뿐만 아니라, 문제의 핵심 구조와 원리를 더 깊이 이해할 수 있게 된다.

내가 잘한 점 칭찬하기

오늘 수학 공부를 하면서 자신이 잘했다고 생각하는 점을 꼭 적어본다. 오늘 집중해서 공부를 정말 열심히 했다, 포기하지 않고 어려운 문제를 끝까지 풀어냈다, 새로운 개념을 이해하려고 노력했다 등 스스로를 칭찬하고 격려하는 습관은 학습에 대한 긍정적인 태도를 만들어주고, 앞으로 더 잘하고 싶은 마음을 샘솟게 해준다.

| DATE 20 . . | 이름 | 점수 |

단원	이해도 ☆☆☆☆☆
소요시간	다음 목표

쉽게 느낀 점
(어떤 문제나 개념이 특히 쉬웠고 왜 그렇게 느꼈나요)

어려웠던 점
(어려웠거나 이해가 잘 되지 않았던 부분을 적어 주세요)

숫자 변형 탐구 문제

숫자를 바꿨을 때 달라진 점

자기 평가 (나를 칭찬해)

오늘 배운 내용
(오늘 수업에서 새롭게 배운 개념이나 공식을 간단히 적어 주세요)

5 초등학생의 수학 일기 예시

| DATE 20 . . | 이름 | 점수 |

단원	소수의 나눗셈 1강	이해도 ★★★★★
소요시간		다음 목표 개념 테스트

오늘 배운 내용
(오늘 수업에서 새롭게 배운 개념이나 공식을 간단히 적어 주세요)

쉽게 느낀 점
(어떤 문제나 개념이 특히 쉬웠고 왜 그렇게 느꼈나요)

개념이 이해가 돼서 간단한 계산 문제가 쉬웠다.

소수 ÷ 자연수

1. 각 자리에서 나누어 떨어지지 않는 소수 ÷ 자연수

자연수의 나눗셈을 이용하여 계산하고, 몫의 소수점은 나누어지는 수의 소수점을 올려 찍습니다.
$$1598 ÷ 2 = 799$$
$$15.95 ÷ 2 = 7.99$$

어려웠던 점
(어려웠거나 이해가 잘 되지 않았던 부분을 적어 주세요)

65쪽 5번 문제에서 12일 동안 45분 늦어지는 것은 24 × 12 × 60 ÷ 45인 줄 알았는데 45 ÷ 12였다.

2. 몫이 1보다 작은 소수인 소수 ÷ 자연수

몫의 소수점은 나누어지는 수의 소수점을 올려 찍고, 자연수 부분이 비어 있을 경우 일의 자리에 0을 씁니다.
$$441 ÷ 7 = 63$$
$$4.41 ÷ 7 = 0.63$$

3. 소수점 아래 0을 내려 계산해야 하는 소수 ÷ 자연수

자연수의 나눗셈을 이용하여 계산하고, 소수점 아래에서 나누어 떨어지지 않을 경우 0을 내려 계산합니다.
$$910 ÷ 5 = 182$$
$$9.1 ÷ 5 = 1.82$$

숫자 변형 탐구 문제
(기존) 다음 나눗셈을 계산하지 않고, 몫이 1보다 큰 것을 모두 골라 ○표 하시오
6.5÷5   6.5÷50   6.5÷10
65÷50   65÷10   65÷100
(변형) 다음 나눗셈을 계산하지 않고, 몫이 1보다 작은 것을 모두 골라 ○표 하시오
6.5÷5   6.5÷50   6.5÷10
65÷50   65÷10   65÷100

4. 몫의 소수 첫째 자리에 0이 있는 소수 ÷ 자연수

나눌 수 없으면 몫에 0을 쓰고, 수를 하나 더 내려 계산합니다.
$$1220 ÷ 4 = 305$$
$$12.2 ÷ 4 = 3.05$$

자연수 ÷ 자연수

1. 자연수 ÷ 자연수의 몫을 소수로 나타내기

자연수의 나눗셈을 이용하여 계산하고, 몫의 소수점은 자연수 바로 뒤에서 올려 찍습니다.
$$1000 ÷ 8 = 125$$
$$10 ÷ 8 = 1.25$$

숫자를 바꿨을 때 달라진 점

기존 문제에서는 6.5÷5, 65÷50, 65÷10에 ○표 해야 하는데 변형 문제에서는 6.5÷50, 6.5÷10, 65÷100에 ○표 해야 한다.

자기 평가 (나를 칭찬해)

초등학생의 수학 일기 작성 예시

4부 수학 공부가 이토록 재미있다면

· 4장 ·

도파민을 부르는 수학 몰입 훈련

 힘든 운동을 끝내고 느끼는 쾌감, 또는 입안이 얼얼하도록 매운 음식을 먹고 나서 오히려 기분이 좋아지는 경험이 다들 있으실 것 같다. 신기하게도 우리 몸은 극심한 고통이나 자극을 받으면 그것을 이겨내려고 엔도르핀이라는 특별한 호르몬을 분비한다. 엔도르핀은 '몸 안에서 만들어지는 마약'이라고 불릴 정도로 강력한 쾌감을 줘서, 운동하는 사람들은 그 기분을 잊지 못해 계속 운동하게 되고, 매운 음식을 좋아하는 사람들은 스트레스 해소제로 찾게 된다.
 이런 우리 몸의 '중독 메커니즘'을 공부에 긍정적으로 활용할 수 있다. 바로 도파민이라는 뇌 호르몬을 이용하는 것이다. 도파민은 우리가 행복이나 즐거움, 성취감을 느낄 때 분비되는 기분 좋은 물질이다. 아이들이 수학 공부를 하면서 스스로 '해냈다!' 하는 만족감을 느끼도록 몇 가지 환경을 만들어주면, 뇌에서 도파민이 분비되면서 수학 공부에 긍정적인 중독 효과를 낼 수 있다. 게임에서 어려운 단계를 깨고 느끼는 짜릿함과 비슷한 기제다. 그럼 어떻게 하면 아이들이 수학 공부를 통해 도파민을 맛보게 할 수 있을지, 그 비법을 자세히 알아보자.

스스로 선택하고 해결하는
자기 주도 학습 환경 만들기

도파민은 신기하게도 자율성이 보장될 때 활발하게 분비된다. 억지로 떠밀려서 하는 공부는 아무리 열심히 해도 즐거움을 느끼기 어렵다. 아이가 스스로 풀고 싶은 문제집을 고르고, 혼자 힘으로 끙끙거리며 문제를 해결했을 때 비로소 도파민이 샘솟는다. 그러니 우리 아이의 자율성과 자기 주도성을 최대한 존중하고 믿어주자.

도전 욕구 자극하는
적절한 난이도의 과제 제시

너무 쉽거나 너무 어려운 과제는 오히려 아이의 흥미를 잃게 만들 수 있다. 뇌는 약간의 부담과 어려움이 주어지고, 그것을 스스로 극복했을 때 큰 기쁨을 느끼도록 설계되어 있다. 어려운 문제를 이렇게도 풀어보고 저렇게도 시도하다가 우연히 번뜩이는 아이디어로 정답을 찾아냈을 때, 아이의 뇌에서는 도파민이 마치 폭죽처럼 터져 나온다. 이런 짜릿한 경험을 한번 맛본 아이들은 그 기분을 잊지 못하고, 또다시 어려운 문제에 도전하고 싶어지는 긍정적인 학습 습관을 만들 수 있다.

새로운 자극으로
지루함 날려버리기

이미 술술 풀 수 있는 쉬운 문제를 계속 반복하는 것은 뇌에 새로운 자극을 주지 못해서 도파민 분비를 일으키지 않는다. 오히려 '이거 또 해야 해?' 하는 지루함만 느끼게 해서 학습 의욕을 꺾을 수 있다. 특히 초등 시기에는 단순 반복적인 연산 연습이나 똑같은 유형의 문제만 계속 풀리는 것보다, 새로운 개념을 배우고, 조금 더 생각해야 하는 도전적인 과제를 적은 양이라도 정성 들여 풀도록 지도하는 것이 훨씬 중요하다.

작은 성공 경험을
자주 선물하기

도파민은 우리가 어떤 목표를 작게라도 성공했을 때 분비되고, 이 성공 경험은 다시 공부에 대한 의욕을 불러일으키는 선순환을 만든다. 그러니 아이에게 너무 거창한 목표보다는 작은 단위로 쪼개서 자주 성공의 기쁨을 맛보게 해야 한다. 예를 들어 심화 문제집을 푼다면 '이번 주까지 한 단원 다 풀기'보다는 '지금부터 3문제 풀어보기'와 같이 구체적이고 달성 가능한 작은 목표를 제시하는 것이다. 그리고 아이가 한 시간 동안 3문제를 풀 때마다 칭찬과 격려를 아끼지 말아야 한다. 아이는 짧은 시간마다 목표를 달성하면서 도파민으로 인한 성취감을 느끼고, 더욱 즐겁게 공부에 몰입할 수 있다. 빠르고 긍정적인 피드백은 아이의 학습 행동을 더욱 강화시키는 강력한 힘이 된다.

· 5장 ·

꾸준한 '반복'과 '작은 성공'으로 성장하는 수학 실력

아이들을 가르치다 보면, 수학 실력이 선형적으로 꾸준히 올라가지 않는다는 것을 알 수 있다. 아이들의 수학 실력 변화는 흔히 다음과 같은 모습으로 나타난다.

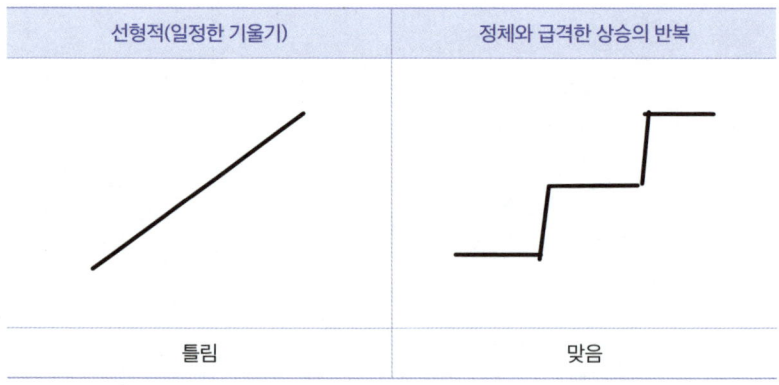

표 | 아이들의 수학 실력이 늘어나는 형태

선형적 성장이 되면 좋겠지만 실제로는 드물다. 대부분의 아이들은 정체와 급격한 상승이 반복하는 성장 곡선을 보인다. 아이들은 오랫동안 제자리걸음을 하는 것처럼 느껴지는 정체기를 겪는다. 우리 아이가 정말 수학을 잘할 수 있을까 하는 걱정이 들 때도 있다. 하지만 놀랍게도 6개월 이상의 정체기를 겪은 아이는 어느 순간 수학을 바라보는 눈이 넓어지면서 실력이 눈에 띄게 향상되는 경험을 한다. 그리고 다시 또 정체기를 맞이하게 된다.

개념 학습:
천천히 익히고, 단단하게 연결하기

이러한 현상을 개념 학습 측면에서 살펴보면, 아이들은 처음 접하는 낯선 수학 개념을 배우기 시작한다. 이 개념을 완전히 자기 것으로 만들기 위해 꾸준히 공부하고 문제를 풀면서 연습한다. 어느 순간 아이들은 배운 개념들을 머릿속에서 자유자재로 꺼내어 활용할 수 있게 된다. 이 단계에 이르면 문제 푸는 속도도 급격히 빨라진다. 수학을 잘하기 위해서는 덧셈, 뺄셈, 곱셈, 나눗셈과 같은 기본적인 개념뿐만 아니라, 대수, 함수, 기하 등 다양한 수학 영역의 내용들이 머릿속에 잘 저장되어 있어야 하고, 이 개념들 사이의 연결망이 튼튼하게 형성되어야 한다. 예를 들어 아이가 나눗셈이라는 개념을 처음 배웠다면, 꾸준한 연습을 통해 그 개념을 익숙하게 만들어야 한다. 동시에 나눗셈이 곱셈의 반대 연산이라는 것을 자연스럽게 이해하고, 포함제 나눗셈을 뺄셈과의 관계 속에서 생각할 수 있게 되어야 한다. 이러한 과정을 통해 나눗셈이라는 새로운 개념이 이미 알고 있던 개념들과 연결되면서 아이의 머릿속에 깊이 저장되는 것이다. 이 단계에 도달하면 아이는 나눗셈과 관련된 기본적인 문제부터 응용문제까지 막힘없이 풀 수 있게 된다.

심화 학습:
좌절 속 피어나는 '할 수 있다'는 믿음

심화 학습 측면에서도 비슷한 성장 패턴을 보인다. 아이들은 처음에는 어떻게 풀어야 할지 감도 잡히지 않는 어려운 문제에 도전한다. 이것저것 시도해보지만, 답이 맞기도 하고 틀리기도 한다. 하지만 우연히 답을 맞혔을 때, 아이들은 이렇게 저렇게 하다 보면 나도 풀 수 있구나 하는 믿음을 갖게 된다. 이 믿음은 앞으로 더 어려운 문제가 닥치더라도 쉽게 포기하지 않는 끈기를 길러준다. 틀린 경우에는 설명을 듣거나 해설을 참고하면서, 어려운 문제에 접근하는 방법을 조금씩 익혀나간다. 이러한 시행착오와 학습 과정이 반복되면, 어느 순간 아이들은 이전에는 힘겨워했던 수준의 문제들을 놀랍도록 쉽게 풀어내기 시작한다. 바로 이 시기가 실력이 급격하게 상승하는 단계다. 그리고 다시, 이전에 풀던 문제집보다 더 높은 수준의 문제집에 도전하면서 똑같은 과정을 반복하게 된다. 이전의 어려움을 극복했던 경험은 아이에게 포기하지 않고 다시 그 과정을 헤쳐나가 결국 실력을 한 단계 더 성장시키는 밑거름이 된다.

꾸준함과 작은 성공이 만드는 성장

수학 실력은 꾸준한 반복 학습을 통해 개념을 내면화하고, 작은 성공 경험을 통해 자신감을 얻으면서 마치 계단을 오르듯 차근차근 성장한다. 그러니 아이가 수학 공부에서 정체기를 겪더라도 너무 조급해하거나 걱정하지 않아도 된다. 꾸준히 노력한다면, 분명히 아이는 어느 순간 놀라운 성장을 보여줄 것이다.

· 6장 ·

학습만화와 동화로 친해지는
수학 스토리텔링

책 읽기 싫어하는 아이 때문에 걱정이 되기도 한다. 신기하게도 내 아들은 딱 한 종류의 책은 정말 좋아했다. 바로 정재승 작가님의 『인간 탐구 보고서』라는 책인데, 내용도 워낙 흥미롭지만 중간중간 나오는 만화 덕분에 아주 어릴 때부터 지금까지 꾸준히 즐겨보고 있다. 아직 수학이 어렵고 딱딱하게 느껴지는 아이들에게도 이와 마찬가지로 만화나 동화가 함께 있는 수학 교재는 아주 좋은 첫 만남을 선물해줄 수 있다.

수학 문제집 속
숨은 재미

시중에 나와 있는 문제집 중에서도 천재교육에서 출판한 문제집들을 보면, 각 단원의 시작 부분에 재미있는 만화가 실려 있는 경우가 많다. 아이들은 이 만화를 읽으면서 그 단원에서 배우게 될 내용의 전체적인 흐름을 쉽고 재미있게 파악할 수 있다. 자칫 지루하고 딱딱하게 느껴질 수 있는 수학 개념을 흥미로운 이야기를 통해 자연스럽게 접하게 되는 것이다.

상상의 나래를 펼치며
배우는 수학

그림이 예쁘게 그려진 수학 동화도 아이들이 수학과 친해지기에 아주 좋은 도구다. 특히 초등학교 저학년 아이들은 딱딱한 설명보다는 이야기가 있는 동화를 통해 수학 개념을 훨씬 쉽고 재미있게 받아들일 수 있다.

**생활 속
수학 이야기**

실생활과 관련된 내용으로 구성된 핀란드 수학 교재들도 추천할 만하다. 핀란드 수학은 추상적인 수학 개념을 우리 주변에서 흔히 볼 수 있는 상황과 연결해서 설명하기 때문에, 아이들은 수학을 더 이상 머리 아픈 학문이 아니라 실생활에서 늘 만날 수 있는 친근한 존재로 느끼게 될 수 있다.

수학 학습만화나 동화, 실생활과 연계된 교재들은 아이들이 수학에 대한 긍정적인 첫인상을 갖고, 재미있게 수학 공부를 시작할 수 있도록 도와주는 아주 효과적인 도구들이다. 딱딱한 문제집만 고집하기보다는, 아이들이 좋아하는 이야기 형식을 빌려 수학과 자연스럽게 친해질 수 있도록 다양한 시도를 해보자.

시크릿 가이드 · 04

수학 정서 체크리스트

수학 정서 체크리스트는 우리 아이가 수학을 얼마나 좋아하고 편안하게 느끼는지 알아보는 테스트이다. 보통 수학을 좋아하는 아이들이 수학도 잘하는 경향이 있지만, 꼭 그런 것은 아니다. 아이의 수학 실력만큼이나 수학에 대한 감정, 즉 수학 정서도 중요하다. 긍정적인 마음은 아이가 수학 공부를 꾸준히 즐겁게 할 수 있는 원동력이 되기 때문이다. 우리 아이의 수학 마음 건강은 어떤지 한번 살펴보시고, 긍정적인 마음을 키워줄 수 있도록 응원해주자.

수학은 잘하는데, 마음은 불편한 아이

가끔 수학은 곧잘 하는데도 수학에 대한 감정이 좋지 않은 아이들이 있다.

현실적인 자기 평가

학년이 올라갈수록, 특히 고등학생이 되면 시험을 통해 자기 실력을 객관적으로 알게 된다. 초등학교 때는 늘 잘한다고 칭찬받았는데, 고등학교에 와보니 나보다 훨씬 잘하는 친구들이 많구나 하고 느끼면서 수학에 대한 자신감이 떨어질 수 있다. 강남이나 목동 같은 학군지 아이들은 학원 레벨 테스트나 경시대회를 통해 일찍부터 냉정한 평가를 받기도 한다.

부모님의 솔직한 조언이 부정적으로 들릴 때

부모님은 아이가 더 잘 되길 바라는 마음에 현실적인 조언을 해주는데, 아이는 그것을 부정적인 피드백으로 받아들일 수 있다. '나는 열심히 하는데 왜 자꾸 부족하다고 하실까?' 하면서 수학에 대한 마음이 불편해진다.

수준에 안 맞는 힘든 공부

아직 준비가 안 된 아이에게 너무 어려운 내용을 미리 가르치거나, 벅찬 심화 문제를 풀게 하면 아이는 '나는 수학을 못하는구나' 하고 좌절감을 느껴 수학에 흥미를 잃을 수 있다.

수학은 좀 어려워도, 마음은 긍정적인 아이

수학 실력은 뛰어나지 않아도 수학에 대한 감정이 좋은 아이들도 있다.

어릴수록 긍정적인 착각

어린아이들은 아직 자기 실력을 정확하게 판단하기 어려워서, 자기가 수학을 꽤 잘한다고 생각하는 경향이 있다. 그래서 고학년보다 저학년 아이들이 수학을 더 좋아하고 자신감도 높을 수 있다.

엄마의 칭찬은 긍정 에너지

학원을 다니지 않고 엄마표로 수학 공부를 할 때, 엄마가 긍정적인 피드백을 많이 해주면 아이는 수학에 대한 자신감을 얻고 즐겁게 공부할 수 있다. 물론 쉬운 것만 시키는 것은 안 된다. 아이는 공부하다가 어려움에 부딪히기도 하고 실패를 경험하기도 하겠지만 스스로 극복할 수 있다고 믿으면 이겨낼 수 있다. 그래서 엄마는 아이에게 적절한 도전 과제를 주고, 아이가 헤쳐나갈 수 있도록 옆에서 도와주는 조력자 역할을 해야 한다. 이런 과정을 통해 아이는 어려움을 이겨내는 힘(회복 탄력성)을 키우고 수학 공부를 두려워하지 않게 된다. 오히려 적절한 어려움을 극복했을 때 느끼는 성취감은 아이에게 큰 기쁨과 동기 부여가 되어서, 더 어려운 수학 문제에 즐겁게 도전하는 아이로 자랄 수 있다.

수학 정서 체크 리스트

그렇다(2점) / 보통(1점) / 아니다(0점)

문항	질문	그렇다	보통	아니다
1	수학은 중요한 과목이다	✔		
2	나는 왜 수학을 공부하는지 알고 있다			
3	수학은 내가 살아가는 데 도움이 된다			
4	다른 과목을 공부하는 데 수학이 도움이 된다			
5	수학은 실생활에 필요하다			
6	수학 공부는 나의 꿈을 이루는 데 도움이 된다			
7	나는 수학을 좋아한다			
8	수학 공부하는 것이 재밌다			
9	새로운 수학 개념을 배우는 게 기대된다			
10	수학 문제 푸는 것을 즐긴다			
11	어려운 수학 문제일수록 더욱 풀고 싶다			
12	수학을 잘해서 부모님께 인정받고 싶다			
13	수학 시험을 잘 봐서 학교에서 인정받고 싶다			
14	수학을 잘하는 사람이라고 친구들에게 인정받고 싶다			
15	학교에서 어려운 수학 내용을 배우고 싶다			
16	새로운 도전을 위해 어려운 문제를 풀고 싶다			
17	흥미있고 어려운 수학을 배우기 위해 학원에 다니고 싶다			
18	혼자서 개념을 읽고 수학 공부를 하는 것이 좋다			
19	도움 없이 어려운 문제를 스스로 푸는 것이 즐겁다			
20	엄마가 시키지 않아도 스스로 수학 공부를 한다			
21	수학 공부하다 모르는 것이 있으면 반드시 알고 넘어간다			
22	새로 배우는 수학 개념이 어려워도 포기하지 않는다			

문항	질문	그렇다	보통	아니다
23	모르는 문제는 아무리 시간이 오래 걸려도 스스로 풀어낸다			
24	나는 수학을 잘하는 학생이다			
25	나는 남들보다 수학 개념을 잘 이해한다			
26	나는 수학에 재능이 있다고 생각한다			
27	앞으로 수학 실력이 점점 더 발전할 것 같다			
28	나는 수학 공부할 때 내가 부족한 것을 알고 교정해간다			
29	나는 수학 공부하는 태도가 좋은 학생이다			
30	수학은 내가 잘하고 좋아하는 과목이다			
	항목별 개수			
	점수 계산			

총점 판단 방법(초3 학생)

50~60점   아이가 수학 공부하는 것을 즐기는 아주 긍정적 상태
40~50점   수학에 대해 좋은 정서를 가지고 있고, 앞으로 수학을 잘할 가능성이 높음
30~40점   부정적인 피드백으로 수학에 자신감이 없으나 수학을 잘할 가능성은 있음
20~30점   수학에 대한 자신감이 현격이 떨어진 상태. 긍정적 피드백 필요
0~20점   아이가 수학도 못 한다고 생각하고 있고, 실제 수포자 위기로 각별한 관심 필요

* 수학 정서 체크 리스트는 학년이 올라갈수록 수학 실력에 비해 점수가 좋지 않다.

5부

수능 1등급을 향한 내 아이 수학 공부 10년 설계

속도보다 중요한 건 방향이다. 조금 느려도 괜찮다. 방향만 제대로 잡히면 속도는 붙게 마련이다. 초3부터 수능까지 10년의 시간, 어떻게 공부 방향을 설계하느냐가 먼저다. 성적보다 중요한 건 '공부 근육'이고, 그 근육은 지금 키워야 한다.

· 1장 ·

거북이가 이기는 수학 공부

재수생들을 가르치다가 현역 고등학생들을 보면 가장 크게 느껴지는 점은 아이들이 정말 공부를 안 한다는 것이다. 현역 때 3~4등급 받던 재수생 중에는 정말 독하게 마음먹고 열심히 공부하는 아이들이 많다. 그런데 신기하게도 현역 고등학생 중에 그 정도 노력하는 아이들은 대부분 1등급을 받는다. 이 말은 곧, 우리 아이들이 재수생만큼만 꾸준히 열심히 한다면 충분히 최상위권에 도달할 수 있다는 뜻이기도 하다. 가장 중요한 것은 중학교, 고등학교 때 스스로 꾸준히 공부하는 태도를 길러주는 것이다.

그렇다면 이 중요한 태도를 어떻게 만들어줘야 할까? 미취학 아동 때부터 대치동식 로드맵으로 빡세게 달려야 할까? 물론 그렇게 해서 성공하는 아이들도 분명히 있겠지만 솔직히 말하면 그렇게 힘든 길을 가다가 지쳐서 중간에 포기하는 아이들이 훨씬 더 많다. 어른들도 그렇게 쉴 새 없이 공부만 하라고 하면 얼마나 버틸 수 있을까? 아이들도 마찬가지다. 좀 더 안정적인 방법으로, 아이가 지치지 않도록 꾸준히 공부할 수 있는 힘을 길러주는 것이 훨씬 중요하다.

초등 수학 부진의 진짜 원인:
실력 부족보다 공부 정서 문제

한국초등수학교육학회에서 진행한 설문조사 결과를 보면,[2] 초등학생들이 수학을 어려워하는 가장 큰 이유 1위가 바로 학습 동기 결핍 및 잘못된 습관이었고, 2위가 선수 학습의 결손이었다. 다시 말해, 초등학교 수학 부진의 주된 원인은 수학 공부 자체에 대한 부정적인 감정, 잘못된 공부 습관, 그리고 기초 부족이라는 것이다. 이 결과를 보면, 우리 아이 초등 수학 공부의 방향을 어떻게 잡아야 할지 명확해진다.

학습 동기 결핍은 아이가 감당하기 힘든 과도한 선행 학습이나 학습량 때문에 수학 공부에 질려버렸을 때 나타난다.

잘못된 공부 습관은 눈앞의 빠른 성과에만 급급해서 스스로

---

[2] 박주경, 오영열, 「초등학교 수학 학습 부진 발생 경향 분석」, 『한국초등수학교육학회지』 v.17 no.2, 2013년, pp.265~283.

생각하고 공부하는 자기 주도 학습 습관을 키우지 못했기 때문일 가능성이 크다.

학습 결손은 개념을 꼼꼼하게 이해하지 않고 대충 넘어가거나, 수업 시간에 놓치는 부분이 생겼을 때 발생한다.

그렇다면 이 문제들을 어떻게 해결해야 할까?

첫째,
아이에게 딱 맞는 속도로 꾸준히 나아가라

주변에서 다른 아이들이 아무리 빨리 앞서나가는 것처럼 보여도 절대 흔들리지 말아야 한다. 우리 아이가 충분히 이해하고 소화할 수 있는 속도로 천천히 진행해야 한다. 그리고 아이에게 공부만 강요하면 안 된다. 책 읽기, 글쓰기, 예체능 활동, 친구들과 신나게 뛰어노는 시간 등, 아이가 숨 쉴 수 있는 여유 공간을 반드시 만들어 주어야 한다. 이러한 다양한 경험들이 아이가 중고등학생이 되었을 때, 힘든 사춘기를 잘 이겨내고 스스로 미래를 위해 공부할 수 있는 강력한 내적 동기가 되어줄 것이다. 그렇다고 아이를 완전히 방치하라는 뜻은 절대 아니다. 이 책에서 이야기하는 올바른 수학 공부법대로 차근차근 가르치고, 좋은 학습 습관을 만들어주는 것은 기본이다.

둘째,
자기 주도 학습 습관이 튼튼한 수학 실력과 긍정적 태도를 만든다

스스로 생각하고 자기 속도에 맞춰 공부하는 습관을 가진 아이들은, 수학 개념을 대충 넘어가거나 놓치는 부분 없이 탄탄하게 실력을 쌓을 수 있다. 당연히 수학에 대한 감정도 긍정적으로 형성된다. 엄마가 시키는 대로 수동적으로 공부하는 방식이 아니라, 스스로 계획하고 실행하는 공부를 통해 아이는 학습에서의 자기 주도성을 자연스럽게 기르게 된다. 이러한 자기 주도성은 '이 공부는 내 미래를 위한 것이다'라는 인식을 심어주어, 중고등학교에 가서 스스로 자신의 길을 개척하기 위해 더욱 열심히 노력하는 태도를 만들어주는 핵심 동력이 된다. 항상 기억해야 할 것은, 아이가 중고등학교 때 수학을 어려워하는 근본적인 이유는 초등학교 때부터 스스로 공부하는 힘을 키우지 못했기 때문일 수 있다는 점이다. 따라서 중고등학교 때 스스로 열심히 하는 태도를 만들어주는 것, 이것이 바로 우리가 초등 시기부터 집중해야 할 가장 중요한 목표다.

· 2장 ·

속도보다 더 중요한 것은 방향

심화 학습, 학원에만 맡기면 알아서 잘될까? 안타깝게도 학원 방식이 아이의 진짜 심화 능력을 키워주는 데는 한계가 있을 수 있다. 대부분 학원에서는 심화 문제 풀이에 도움이 되는 심화 개념을 미리 가르쳐주기 때문이다.

진짜 심화 능력은 스스로 고민하고 응용하는 힘에서 나온다. 아이들이 심화 교재를 풀 때, 기본 개념을 바탕으로 스스로 응용하고 생각해서 풀어야 깊이 있는 사고력이 자란다. 하지만 많은 경우, 학원에서는 아이들이 스스로 찾아내야 할 심화 개념을 미리 알려주기 때문에, 아이들은 배운 개념을 앵무새처럼 적용해서 문제를 풀고, 막히면 쉽게 선생님께 질문해서 풀이를 듣는 것에 익숙해진다. 정해진 학원 일정에 쫓겨 숙제를 급하게 하고, 어려운 문제는 깊이 고민하지 않고 별표만 친 채 질문하는 악순환이 반복되는 것이다. 이렇게 학원에서 심화 문제집을 풀면 아이의 진짜 심화 능력은 좀처럼 자라지 않을 수 있다.

심화 개념 미리 배우고, 모르는 건 바로 질문?

가장 큰 문제는, 첫째로 스스로 생각해서 찾아야 할 심화 개념을 미리 배우고, 그걸 이용해서 문제를 푼다는 점이다. 둘째로는 문제가 안 풀릴 때 끈기 있게 고민하는 과정 없이, 너무 쉽게 질문해서 해결책을 얻어버린다는 점이다. 물론 엄마가 집에서 똑같은 방식으로 지도해도 마찬가지 결과가 나타날 수 있다. 그래서 중요한 것은, 비록 속도는 더딜지라도 '스스로 생각하는 힘'을 키우는 올바른 방향으로 공부하는 것이다. 올바른 방법으로 꾸준히 공부하다 보면, 속도는 자연스럽게 붙게 마련이다. 천천히 걷는 것 같지만 올바른 길을 따라가면 목적지에 도착한다.

힘들지만 스스로 해내는 힘을 키우며 심화 학습에 성공한 두 가지 사례를 소개한다.

사례 1
소심하지만 끈기 있는 아이, 스스로의 힘으로 블랙라벨을 풀다

제 아이는 소심한 6학년 여자아이입니다. 틀리는 걸 너무 창피해해서 질문도 잘 못해요. '다른 애들은 다 아는데 나만 모르는 걸까 봐' 하는 생각 때문에 수학 학원도 보내지 못했습니다. 그런데 또 신기하게 성취욕은 엄청 강해요. 모르는 문제를 "엄마가 설명해줄게" 하면, 일단 "내가 혼자 해볼게"라는 말이 먼저 나오죠. 그렇게 해서 풀리면 다행인데, 안 풀리면 혼자 끙끙대다가 책상에서 소리 없이 울고 있더라고요. 엄마 입장에서는 참 답답하고 안쓰러운 성격이었죠.

그럼에도 아이는 초등 심화를 마치고 중1-1 심화 교재인 블랙라벨에 도전했습니다. 걱정했던 것과는 달리, 블랙라벨에서 가장 어렵다는 스텝3까지 크게 힘들어하지 않고 한 단원씩 앞으로 나아갔어요. 그런데 '일차방정식 활용' 부분에서 위기가 찾아왔습니다. 스텝2에서 도저히 진행이 안 되더라고요. 아이도 너무 힘들어했고요. 그래도 정말 고마운 건, 아이가 포기하겠다는 말을 안 했다는 거예요. 그래서 늦더라도 쉬운 것부터 다시 다져보자는 마음으로 유형별 교재인 쎈수학 B단계를 다시 복습하고 블랙라벨로 돌아왔습니다.

결국 특별한 비법은 없었습니다. 그냥 아이가 포기하지 않도록 옆에서 끊임없이 격려해주고, 스스로 해낼 수 있을 때까지 기다려줬어요. 제가 스텝2와 스텝3 문제를 먼저 풀어보고, 좀 까다로운 몇몇 문제는 풀이를 확인했습니다. 그리고 아이가 모르는 문제를 질문하면, 바로 답을 알려주기보다는 조금씩 힌트를 주면서 스스로 풀 수 있도록 유도했죠. 스텝2와 스텝3 문제는 모두 서술형 답안이라 채점하는 것도 쉽지 않았어요. 한 줄 한 줄 풀이 과정을 꼼꼼히 확인해야 해서 시간이 꽤 오래 걸렸습니다. 신기하게도 풀이 과정은 완전히 엉뚱한데 답은 맞는 문제도 있더라고요. 그래서 그런 부분을 놓치지 않고 수정해주는 과정이 꼭 필요했습니다.

문제 미리 풀고, 안 풀리는 문제는 해설도 보고, 채점까지 하려면 제가 투자해야 하는 시간도 만만치 않았어요. 퇴근해서 집안일하고 아이 공부까지 봐주려니 제 하루도 정말 빠듯했죠. 그래도 아이가 그렇게 노력하는데 엄마도 옆에서 함께 해주는 것이 맞다고 생각해서 3개월 동안 열심히 했습니다. 아직은 중등 수학이고 제가 도울 수 있는 부분이니까, 제 능력이 닿는 데까지는 최선을 다하고 싶었어요. 제가 아이를 끌고 갈 수는 없어도, 옆에서 도와주는 건 가능하니까요. 그렇게 간절하게 노력했던 3개월이었습니다. 지금 돌이켜보면 참 잘한 도전이었다는 생각이 듭니다.

사례 2
꼼꼼한 자기 주도 학습으로 난관을 극복한 중학생

저는 학원에 다니지 않는 중1 학생입니다. 제 스스로 생각해도 저는 매우 꼼꼼하고, 자기 주도적으로 공부하는 스타일인 것 같아요. 스터디 플래너도 꼼꼼히 쓰고 아주 체계적으로 공부하거든요. 하지만 문제가 잘 안 풀리면 집중력도 떨어지고 좀 힘들어하는 성향도 있어요.

중1-1 심화 과정에서 '일차방정식 활용' 부분이 정말 가장 힘들었습니다. 지금까지 정답률도 꽤 높았고, 틀린 문제도 꼼꼼히 고쳐왔고, 혼자 힘으로 못 고치는 문제도 한 단원당 2문제 정도밖에 안 됐었거든요. 웬만한 문제는 해설지를 보면 이해가 갔는데, 일차방정식 활용은 정말 너무나 큰 산처럼 느껴졌어요. 답안지를 아무리 봐도 이해가 안 되는 부분이 많았고, 겨우 이해가 돼도 금방 잊어버리고, 오답 노트 정리하는 것조차 너무 어렵고 시간이 오래 걸렸습니다.

그래도 어려운 문제를 풀었을 때의 그 성취감을 떠올리면서 정말 열심히 복습했어요. 하루에 아주 적은 양의 문제만 풀면서 하나하나 완벽하게 이해하려고 노력했고, 틀린 문제는 오답 노트에 풀이 과정까지 모두 꼼꼼하게 적었습니다. 제가 생각하기에 많은 양이 아니라 적은 양이라도 완벽하게 공부하는 것이 이 고비를 넘기는 데 가장 큰 도움이 되었던 것 같아요.

또 저는 문제를 풀 때, 1차로 혼자 힘으로 최대한 고민하고, 2차로 해설지의 힌트를 살짝 보고 다시 풀어본 후, 3차로 선생님의 해설 강의 영상을 시청하고, 마지막 4차로 오답 노트를 정리하는 단계를 거쳤습니다. 이렇게 힘들고 체계적으로 공부하니, 마침내 그 단원을 다 끝냈을 때의 성취감은 정말 엄청났습니다.

저는 단 하나라도 제대로 이해하지 못하고 넘어가는 것이 없도록 공부하려고 노력했던 것 같아요. 솔직히 그냥 감으로 찍어서 맞힐 수도 있는 문제도 많았지만, 그럴 때마다 그냥 넘어가지 않고 엄마랑 같이 채점할 때 다시 한번 고민해보고, 그래도 안 되면 해설지의 풀이를 꼼꼼히 살펴보았습니다. 그렇게 틀린 문제는 오답 노트를 정말 꼼꼼하게 작성했고, 특히 틀린 이유를 분석하는 데 많은 시간을 투자했습니다. 모르는 문제 때문에 풀이 영상을 볼 때도, 처음부터 끝까지 다 보는 것보다는 힌트를 얻은 후 스스로 해결하려고 노력하고, 그다음에야 제 풀이가 맞았는지 확인하는 방법이 정말 큰 도움이 되었던 것 같습니다.

이 두 사례를 통해 알 수 있듯이, 진정한 심화 학습은 아이 스스로 끈기 있게 고민하고, 다양한 시행착오를 통해 문제 해결 능력을 키워나가는 과정이다. 섣부른 선행 학습이나 쉬운 길 찾기보다는, 아이가 자신의 힘으로 어려움을 극복하고 성취감을 맛볼 수 있도록 옆에서 묵묵히 지지하고 기다려주는 것, 이것이 바로 우리 아이의 수학 심화 능력을 제대로 키워주는 가장 중요한 방향이다.

· 3장 ·

수학 잘하는 아이로 키우는 엄마표 수학 지도법

수학을 쉽고 재미있게, 그러면서도 제대로 잘하게 키우고 싶은 엄마의 마음은 다 똑같다. 이번 장에서는 엄마표 수학 지도의 핵심, 바로 개념 학습법과 심화 학습법에 대해 소개한다.

탄탄한 수학 실력의 기초, 개념 학습법

① 개념과 원리의 의미

수학에서 개념이란 정의(definition)와 정리(theorem)를 뜻한다. 정의는 초등학교에서는 주로 약속이라고 부르는데, 수학 용어에 대한 이름 붙이기와 같다. 예를 들면 "두 쌍의 마주 보는 변이 서로 평행한 사각형은 평행사변형이다" 하는 것이다. 정리는 어떤 문장이 참이라는 것이 수학적으로 증명된 것을 말한다. 초등학교에서는 주로 공식이나 성질이라고 부른다. 예를 들면 "평행사변형의 마주 보는 각의 크기는 항상 같다" 같은 것이 정리다.

'정리'가 왜 그렇게 되는지를 설명하는 증명 과정을 바로 원리라고 부른다. 꼭 복잡한 증명이 아니더라도, 어떤 개념이 '왜' 그렇게 되는지에 대한 이유나 설명을 모두 '원리'라고 생각하면 쉽다. 예를 들어 초등학교 곱셈의 원리는 똑같은 수를 여러 번 더하는 것(동수누가)로 설명한다. 2×3=2+2+2와 같이 '같은 수를 더한다'는 뜻이다. 2×3은 2를 3번 더한 것(2+2+2)과 같다는 원리를 이해해야, 중학교에 가서 배우는 $2x+3x=(x+x)+(x+x+x)=5x$와 같은 연산도 이해할 수 있다.

좀 더 복잡한 예를 들어보자. 십각형의 모든 내각의 크기를 더하면 얼마일까? 공식만 외워서 풀 수도 있지만, 원리를 알면 훨씬 재미있다. 어떤 다각형이든 꼭짓점의 개수보다 2개 적은 수만큼의 삼각형으로 나눌 수 있다는 원리를 이용하면 된다.

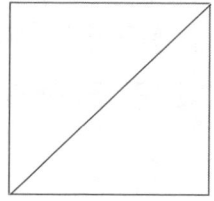 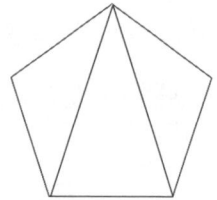

사각형은 2개, 오각형은 3개의 삼각형으로 나눌 수 있다. 삼각형 하나의 내각의 합은 180°니까, 오각형의 내각의 합은 180°×3 = 540°가 된다. 마찬가지로 십각형은 10-2 = 8개의 삼각형으로 나눌 수 있으니, 내각의 합은 180°×8 = 1440°라는 것을 원리를 통해 쉽게 알 수 있다.

이렇게 원리를 제대로 이해하지 않고 공식만 달달 외워서 문제를 풀면, 수학은 재미없는 암기 과목이 되어버리고 만다. 이제 원리 중심으로 수학 공부를 한다는 것이 어떤 의미인지 조금 감이 오실 것이다.

② 혼공 능력 키우는 개념 독학법

개념 독학은 말 그대로 아이 스스로 책을 읽고 개념을 이해하는 공부 방법이다. 처음에는 어렵게 느껴질 수 있지만, 꾸준히 연습하면 혼자서 수학 개념을 척척 이해하는 능력을 키울 수 있다. 초등 3학년 아이들이 개념 독학을 할 수 있는 단계별 방법을 소개한다.

1단계 | 쉽고 자세한 설명의 좋은 개념서 고르기

혼자 공부해야 하니까, 딱딱한 설명보다는 쉽고 자세하게, 아이가 스스로 읽고 이해할 수 있도록 친절하게 설명된 개념서(기본서)를 선택한다.

2단계 | 먼저 읽고, 엄마랑 묻고 답하며 이해 확인하기

아이가 먼저 개념 부분을 쭉 읽어보게 한 다음, 엄마와 함께 묻고 답하는 시간을 가지면서 제대로 이해했는지 확인한다. 이때 엄마는 "그 부분은 왜 그렇지?" "어떻게 그렇게 되는지 예를 들어 설명해 줄래?"와 같이 구체적이고 깊이 있는 질문을 던져서 아이의 이해도를 꼼꼼하게 체크해야 한다. 아이가 어려워하면 엄마가 쉬운 말로 다시 설명해준다.

3단계 | 기본 문제 풀면서 개념 적용 연습하기

개념을 어느 정도 이해했다면, 관련된 기본 문제를 풀게 한다. 이때 바로 답을 알려주기보다는, 문제가 안 풀리면 다시 앞으로 돌아가 개념 부분을 복습하고 스스로 해결할 수 있도록 유도한다. 스스로의 힘으로 문제를 해결했을 때 느끼는 성취감은 아이의 자신감을 쑥쑥 키워준다.

4단계 | 나만의 개념 노트 만들기

기본 문제 풀이가 끝나면 오늘 배운 핵심 개념을 아이 스스로 정리하도록 지도한다. 그림이나 쉬운 예시 문제를 함께 적어도 좋다. 개념 노트 정리가 어렵다면, 개념서의 중요한 부분을 손으로 직접 써 보는 필사를 시키는 것도 좋은 방법이다. 이렇게 정리하는 과정을 통해 아이는 머릿속에 배운 내용을 더욱 확실하게 저장할 수 있다.

이렇게 개념 독학을 꾸준히 하면 단순히 개념을 이해하는 능력뿐만 아니라, 이해한 개념을 바탕으로 스스로 문제를 해결하는 추론 능력까지 키울 수 있다. 단순 암기식 학습을 넘어 스스로 공부하는 힘, 학습 능력 자체를 향상시켜주는 아주 효과적인 방법이라고 할 수 있다.

생각하는 힘을 키우는
심화 학습법

기본 개념을 충분히 이해했다면, 이제 심화 문제를 풀면서 아이의 문제 해결력, 추론 능력, 그리고 수학적 사고력을 한 단계 더 발전시켜 나갈 차례다. 이때 주의할 점은 심화 문제집 한 권을 처음부터 끝까지 다 풀려야 한다고 생각하지 말아야 한다. 아이에게 필요한 문제만 골라서 푼다는 편안한 마음으로 접근하는 것이 좋다. 특히 초등 저학년 심화 문제 중에는 단순 연산 문제가 많은데, 이런 문제는 사고력 향상에 큰 도움이 되지 않는다. 그러니 교재를 꼼꼼히 살펴보고, 아이의 사고력을 키울 수 있는 괜찮은 문제 몇 개를 골라서 충분한 시간을 주고 스스로 도전하게 한다.

1단계 | 맞춤 심화 문제 선정 및 학습 계획 세우기
아이에게 연습시킬 심화 문제를 신중하게 고르고, 일주일에 심화 학습에 투자할 시간을 미리 정해둔다. 너무 빡빡한 계획보다는 아이가 즐겁게 참여할 수 있는 현실적인 계획을 세운다.

2단계 | **시간제 학습으로 깊이 생각하는 힘 기르기**

아이에게 시간제 학습이라는 것을 강조하고, 정해진 시간 동안 천천히 깊이 생각하면서 문제에 몰두하도록 지도한다. 한 문제를 30분 이상 끙끙 앓아도 바로 답을 알려주기보다는 기다려주는 인내심이 필요하다. 이 과정에서 아이는 끈기와 문제 해결 능력을 키울 수 있다.

3단계 | **힌트 전략으로 스스로 답을 찾도록 돕기**

아이가 질문을 하면, 어떤 부분에서 막혔는지를 먼저 파악해야 한다. 만약 개념 이해가 부족하다면 해당 개념을 다시 복습하도록 안내하고, 문제 자체를 이해하지 못했다면 문제의 정확한 의미를 쉬운 말로 설명해준다. 단순히 문제 해결 능력이 부족한 경우에는 바로 답을 알려주기보다는 점진적으로 힌트를 하나씩 던져주면서 스스로 해결할 수 있도록 유도해야 한다. 어떤 힌트를 줘야 할지 막막할 때는 해설지를 한 줄씩 읽어주는 것도 좋은 방법이다.

4단계 | **칭찬과 보상으로 동기 부여하기**

아이가 오랜 시간 고민해서 마침내 문제를 풀어냈다면, 마음을 담아 칭찬해주고 작은 보상(아이스크림이나 초콜릿 등)을 해주는 것도 좋은 방법이다. 이러한 성공 경험은 아이에게 어려운 문제에 포기하지 않고 도전하는 긍정적인 동기를 부여해준다.

5단계 | **함께 토론하고, 설명하며 완전 이해하기**

혹시 아이가 끝까지 풀지 못한다면, 엄마가 답답해하기보다는 아이와 함께 토론하듯이 문제 풀이 과정을 공유하며 함께 답을 찾아나간다. 마침내 문제가 해결되면, 아이가 엄마에게 다시 한번 설명하도록 시켜서 제대로 이해했는지 확인한다.

이처럼 개념 학습과 심화 학습을 아이의 발달 단계와 특성에 맞춰 꾸준히 지도한다면, 아이는 수학을 쉽고 재미있게 배우면서 탄탄한 실력과 깊이 있는 사고력을 갖춘 '수학 잘하는 아이'로 성장할 수 있을 것이다.

· 4장 ·

결국
성적으로 증명된다

아이를 키우다 보면 '남들보다 빨리 시작해야 하지 않을까?' 하는 조급한 마음이 들 때가 있다. 하지만 공부는 단거리 경주가 아닌 12년이라는 장기 레이스다. 단순히 지식을 많이 쌓고 정보를 빨리 주입한다고 잘하게 되는 것도 아니다. 물론 선행 학습을 통해 남들보다 먼저 지식을 습득할 수는 있지만, 모두가 고등학교 과정을 배우게 되면 그 차이는 희미해진다. 진정한 승부는 어려운 고등 수학을 누가 더 정확하고 깊이 있게 이해하고 소화하느냐에 달려 있다고 해도 과언이 아니다. 느리지만 꾸준히 올바른 수학 공부법대로 공부하면 처음에는 뒤처졌어도 반드시 따라잡게 되어 있다.

초등 저학년까지:
당장 눈에 보이는 학습보다 중요한 기초 체력 키우기

미취학 아동부터 초등학교 저학년까지는 직접적인 학습보다는 다양한 경험을 통해 수학적 감각과 사고력을 키우는 데 집중해야 한다. 독서, 보드게임, 레고, 큐브, 쌓기나무, 종이접기, 사고력 수학 등이 좋은 예시다. 만약 아이가 수학적 감각이 부족해 보인다면 연산 학습을 병행하되, 단순 반복 연산보다는 원리와 사고력이 충분히 설명된 소마셈, 원리셈, 팩토 연산 같은 교재를 추천한다.

초등학교 3학년부터:
본격적인 학습 시작, 스스로 하는 힘 기르기

초등학교 3학년부터는 본격적인 수학 공부를 시작한다. 다양한 조작 활동을 통해 이미 사고력과 창의력이라는 훌륭한 밑바탕을 다진 우리 아이들은, 독서를 통해 집중력과 엉덩이 힘까지 길렀을 것이다. 또한 글쓰기를 통해 논리적인 사고력도 훈련되었을 것이다.

이러한 탄탄한 기초를 바탕으로 스스로 개념을 읽고 이해하는 개념 독학 방식으로 수학 공부를 진행한다. 동시에 시간제 학습을 통해 깊이 생각하는 힘을 키우며 심화 문제에 도전해야 한다. 6개월에 한 학기 과정만 제대로 소화해도 충분하다. 6개월 동안 개념 교재, 사고력 수학 교재, 심화 교재 총 3권 완성을 목표로 꾸준히 현행 학습을 진행하는 것이다. 가장 중요한 초등학교 3학년 과정을 1년 동안 제대로 해낸다면, 초등학교 4학년 과정부터는 자연스럽게 학습 속도가 붙는 것을 느낄 수 있다.

학습과 더불어 독서와 글쓰기는 꾸준히 병행하는 것도 잊지 말아야 한다. 초등학교 4학년까지는 3권(개념/사고력/심화) 구조로 학습을 진행하고, 초등학교 5학년 과정부터는 사고력 수학 대신 '문제 해결의 길잡이'와 같은 문장제/논서술형 문제집을 추가하여 3권(개념/문장제/심화) 구조로 학습한다. 독서를 통해 충분한 언어 능력을 키우고, 꾸준한 글쓰기를 통해 논리적 사고력을 훈련했다면, 보통 예비 초등학교 6학년 겨울방학 시기에 자연스럽게 중등 과정 학습으로 넘어갈 수 있다.

중학교부터 고등학교 2학년까지: 선행과 심화의 균형 잡기

중학교 과정부터는 어느 정도 선행 학습에 신경을 써야 한다. 현재 대학 입시 환경에서는 고등학교 과정을 미리 학습하고, 고등학교 재학 중에는 내신 관리에 집중해야 하는 상황이기 때문이다. 특히 특목고나 자사고와 같이 내신 경쟁이 치열한 학교에서는 학기 중에 다양한 활동과 심화 교과 과정 때문에 내신 대비 시간을 확보하기가 어렵다. 따라서 중등 과정에서의 적절한 선행 학습은 이제 선택이 아닌 필수다. 중등 심화 학습은 아이의 실력과 학습 속도에 맞춰 부분적으로 진행한다. 학습 능력이 뛰어난 아이는 모든 과정을 심화 학습하고, 어려움을 느끼는 아이는 중요도에 따라 필요한 심화 과정을 선택하는 유연한 전략을 택한다. 이렇게 심화 학습과 선행 학습을 병행하면서 학습 능력과 좋은 공부 습관을 꾸준히 길러온 아이들은, 보통 예비 중학교 2학년 겨울방학부터 고등학교 과정을 시작할 수 있다.

중요도에 따른 중등 수학 심화 과정 정리

중2-1 > 중2-2 > 중3-1 > 중3-2 > 중1-1 > 중1-2

중2-1은 대수와 함수의 기초에 해당하므로 심화까지 하면 좋다.
중3-1 과정은 고1-1 과정과 연계성이 높아 심화까지 해놓으면 고등 과정을 수월하게 할 수 있다.
중2-2 도형은 합동/닮음/여러 가지 도형의 성질 등을 배우는 도형의 꽃에 해당된다. 고등 과정에도 가끔씩 필요하므로 심화까지 해놓으면 좋다.
중3-2 과정은 고등 과정의 대수와 미적2와 연계성이 있다. 그런 측면에서 심화까지 하면 좋다.
중1-1과 중2-1은 상호 연계성이 높아 중2-1 심화로 대체 가능하므로 시간이 부족할 때는 중1-1 심화는 생략한다.
중1-2는 초등 과정의 도형과 통계의 복습에 해당하고 고등 수학과의 연계성도 떨어진다. 시간이 부족하면 생략한다.

최상위권	모든 과정 심화
상위권	중2-1, 중2-2, 중3-1, 중3-2 심화
중상위권	중2-1, 중2-2, 중3-1 심화
중위권	중2-1, 중2-2 심화
중하위권	심화 없이 개념만 튼튼히

표 | 중요도에 따른 중등 수학 심화 과정 정리

고등학교 과정부터:
자기 주도 학습의 힘이 역전을 만들어낸다

이때부터 놀라운 역전 현상이 나타나기 시작한다. 초등학교 때부터 수동적인 방식으로 선행 학습과 심화 학습을 해온 아이들은, 어려운 고등학교 수학 과정에 진입하면서 학습 속도가 현저히 느려지는 경우가 많다. 하지만 이 책에서 강조하는 자기 주도 학습 방식으로 꾸준히 공부해온 아이들은, 오히려 고등학교 수학 과정에서부터 학습 속도가 더욱 빨라지는 것을 경험하게 된다. 일반적으로 학습 능력이 부족한 아이들은 고등학교 한 학기 과정을 제대로 끝내는 데 6개월에서 1년 정도의 시간이 걸리지만, 자기 주도 학습 능력을 키워온 아이들은 3개월이면 충분히 한 학기 과정을 완성도 있게 마무리할 수 있다.

이러한 학습 과정을 거치면, 중학교를 졸업하고 고등학교 1학년이 되는 시점에 고등학교 2학년 과정(공통수학1, 공통수학2, 대수, 미적분1, 확률과 통계)까지 완성도 있게 학습하게 된다. 이 5권의 과정이 바로 수능 시험 범위에 해당한다. 수능에는 출제되지 않지만 내신 과정으로 이수하면 좋은 미적분2와 기하 과목은 고등학교 진학 후 본인의 진로와 적성에 맞춰 선택하면 된다. 인문계열 진학을 희망한다면 굳이 심화 과정(미적분2, 기하)을 공부할 필요는 없지만, 최상위권 대학 이공계열 진학을 목표로 한다면 심화 과정까지 학습해야 한다. 특히 미적분2는 대부분의 상위권 대학 이공계 학과에서 필수 이수 과목으로 지정하고 있으므로, 이 점을 염두에 두어야 한다.

수능 1등급,
꾸준함과 올바른 방향 설정으로 이루는 꿈

중학교 때 고등학교 2학년 과정까지 탄탄하게 학습한 학생들은 고등학교에 진학하여 안정적으로 1등급을 받을 가능성이 매우 높다. 본인의 진로에 따라 다양한 과목을 이수하고 학생부 종합 전형을 통해 원하는 대학에 합격하는 좋은 결과를 얻을 수 있다. 내신 경쟁이 치열한 일반고나 특목고, 자사고에 진학한 학생이라 할지라도, 중학교 때 이미 수능 범위를 충분히 학습했기 때문에 고등학교 내신과 수능 준비에 여유를 가지고 임할 수 있으며, 수능 1등급이라는 값진 결과를 얻게 될 것이다.

수학은 조급함보다는 정확한 방향 설정과 꾸준한 노력이 결실을 맺는 과목이다. 아이의 잠재력을 믿고, 올바른 학습 전략으로 꾸준히 나아간다면, 분명히 수능 1등급이라는 꿈을 현실로 만들 수 있다.

<미취학~고등까지 학습 로드맵>	
미취학~초2	조작 체험 활동, 독서, 글쓰기
초3~초5	초등 과정 마무리, 심화 도전 한 학기 수준별 3권 학습(개념/사고력/심화)
초6~중1	중등 과정 마무리, 부분적 심화 한 학기 수준별 3~4권 학습(개념/유형/준심화/심화)
중2~중3	고2 과정 마무리(공수1,2/대수/미적1/확통) 한 학기 수준별 3~4권 학습(개념/유형/준심화/심화)
고1~고2	고등 과정 마무리, 내신 1등급
고3	수시 준비, 정시 준비, 수능 1등급

표 | **미취학~고등까지 학습 로드맵**

초등 수준별
수학 교재 선택 가이드

수준별 수학 교재 선택

아이 수준	교재 3권 선택법	많이 선택하는 조합 예시
최상위권	응용/심화/극심화	디딤돌 응용/최상위/점프(응용) 왕수학
상위권	기본/응용/심화	디딤돌 기본+응용/쎈수학/최상위
중위권	기본/응용/준심화	큐브 개념/쎈수학/최상위S
문해력 약함	연산/기본/응용	연산책/수학 리더 개념/큐브 유형
기초 부족	연산/기초/기본	연산책/디딤돌 원리/EBS 만점왕

① 기초 부족

아직 수학이 어렵게 느껴진다면, 연산 문제집 1권과 개념서 2권으로 차근차근 시작하는 게 좋다. 개념서는 쉬운 디딤돌 원리와 아주 친절한 EBS 만점왕 조합을 추천한다.

② 문해력 약함

문장 이해력이 부족하면 수학 문제 풀이가 더 어렵게 느껴질 수 있다. 이럴 땐 연산 문제집과 함께 쉬운 개념서인 수학 리더 개념으로 기본 개념을 잡고, 큐브 유형처럼 그림이나 설명이 많은 유형 문제집으로 연습하는 게 도움이 된다.

③ 중위권

이 정도 수준이라면 굳이 연산 문제집을 따로 풀 필요 없이, 개념서에 있는 연산 문제만으로 충분하다. 개념서는 큐브 개념이나 디딤돌 기본 중에서 아이에게 더 쉽게 느껴지는 걸로 선택한다. (큐브 개념이 좀 더 쉽다는 평이 많다.) 유형 연습은 다양한 문제를 풀어볼 수 있는 쎈수학으로 하고, 심화 학습은 디딤돌 최상위S나 열려라 심화를 추천한다. 최상위S는 현형 개념 위주의 심화서이고, 열려라 심화는 시중 심화서보다 양이 적어서 처음 심화에 도전하는 아이에게 부담이 적다.

④ 상위권

개념서는 디딤돌 기본이나 디딤돌 기본+응용 중에서 선택한다. 디딤돌 기본+응용은 문제 양도 많고 응용 문제까지 꼼꼼하게 다룰 수 있어서, 쎈수학을 건너뛰어도 괜찮을 정도다. 심화 학습은 디딤돌 최상위로 도전해본다.

⑤ 최상위권

개념서는 디딤돌 응용으로도 충분히 잘 이해할 수 있다. 심화 문제집은 디딤돌 최상위 한 권으로도 좋고, 좀 더 어려운 문제에 도전하고 싶다면 점프 왕수학이나 응용 왕수학을 추가해본다.

류승재 선생님이 추천하는 수준별 교재

수준	종류	교재명
최상위권	교과 2권+문제해결력 1권	디딤돌 응용, 최상위, 안쌤의 창의적 문제해결력 수학 (안쌤의 STEM+창의 사고력 100제)
상위권	교과 2권+논서술형 1권	디딤돌 기본+응용, 최상위, 문해길 원리(심화)
중위권	교과 2권+사고력 1권	디딤돌 기본, 최상위S, 창의 사고력 초등 팩토
문해력 약함	교과 2권+연산 1권	사고력을 키우는 팩토 연산, 큐브 개념, 쎈수학
기초 부족	교과 2권+연산 1권	기적의 계산법, 디딤돌 원리, 수학 리더 개념

① 기본 구성

교과(2권)+기타(1권)의 구조를 추천한다. 만약 아이의 학습 속도가 빠르다면, 초등 과정에 얽매이지 말고 중등이나 고등 과정을 미리 시작해서 학습량을 늘려주는 것도 좋은 방법이다. 학년별로 적절한 문제집 권수는 초등 3권, 중등 5권, 고등 7권 정도가 적당하다.

② 심화 교재

과학고나 영재고 진학을 목표로 하는 게 아니라면 초등 시기에 너무 어려운 극심화 문제집은 추천하지 않는다. 디딤돌 최상위 정도의 심화 문제집으로 충분히 깊이 있는 학습을 할 수 있다.

③ 사고력, 문제 해결력, 논서술형, 문해력 교재

중상위권 정도 된다면, 기타 문제집으로 사고력, 문제 해결력, 논서술형, 문해력을 키울 수 있는 교재들을 활용해볼 수 있다. 안쌤의 창의적 문제해결력 수학, 안쌤의 STEM+창의 사고력 100제, 문제 해결의 길잡이(원리 또는 심화), 창의 사고력 초등 팩토 중에 아이의 취향이나 수준에 맞춰서 선택하면 된다.

④ 연산 교재

아이가 중위권 정도 되고 책 읽는 걸 좋아한다면, 굳이 연산 문제집을 따로 풀리지 않아도 괜찮다. 초등 기본서에 기본적인 연산 문제들이 충분히 있어서 연습이 되기 때문이다.

아이의 수학 실력은 계속 성장하니까, 지금 수준에 맞는 문제집을 선택하고 꾸준히 공부하는 게 가장 중요하다. 너무 어려운 문제집으로 시작하면 아이가 수학에 질릴 수 있으니, 아이의 속도에 맞춰 한 단계씩 차근차근 나아가는 것이 현명한 방법이다.

6부

중고등 세 자녀 부모로서 후배 엄마들에게

해본 사람만 안다. 수학 교육, 생각보다 훨씬 길고 깊다. 잘하고 싶은 마음은 같지만, 흔들리지 않는 기준이 필요하다. 세 자녀를 수학 잘하게 키우며 얻은 시행착오와 깨달음을 전한다. 무엇을 시키고, 무엇은 하지 말아야 할까? 흔들리지 않기 위한 부모의 중심이 여기에 있다.

· 1장 ·

공부 독립,
아이 스스로 수학하는 힘 기르기

옛날 원시시대에는 양육과 교육이 하나였을 것이다. 사냥하는 방법이나 위험을 피하는 기술 같은 것들을 가르치고 배우면서 그때의 목표는 오직 살아남는 것이었다. 결국 살아남는다는 것은, 부모의 도움 없이도 혼자 힘으로 살아갈 수 있게 되는 것, 즉 자립을 의미한다.

    오늘날 우리의 양육도 마찬가지다. 우리 아이가 이 험한 세상을 스스로 헤쳐나갈 수 있는 힘을 길러주는 것이 궁극적인 목표여야 한다. 교육도 마찬가지다. 공부에 있어서의 자립, 공부 독립을 이루도록 도와야 한다. 아이들은 성장하면서, 자신의 삶을 스스로 만들어나가기 위한 중요한 도구로 공부를 활용해야 한다. 그래서 공부는 바로 누구를 위한 것이 아니라, 바로 자기 자신을 위한 것임을 깨닫게 해야 한다. 처음에는 부모님의 도움으로 시작하지만, 시간이 지날수록 스스로 알아서 공부하는 아이로 자라나야 하는 것이다.

결핍을 통해
스스로 성장하는 힘

그러기 위해서는 어떻게 해야 할까? 삶 속에서 아이에게 작은 결핍들을 조금씩 경험하게 해줘야 한다. 그리고 그 결핍을 스스로 채우는 방법을 깨닫게 도와야 한다. 세상은 늘 아이에게 따뜻한 사랑과 관심을 쏟아주지만은 않는다. 때로는 외로움과 고독을 견뎌야 하고, 혼자 있어도 행복해지는 법을 배워야 한다. 아이가 성장하면, 혼자서 밥을 차려 먹는 상황을 의도적으로 만들어준다거나, 혼자서 조금 먼 곳까지 대중교통을 이용해서 다녀오는 경험을 하게 해주는 것도 좋은 방법이다.

공부는
자신을 위한 것

공부는 부모님을 기쁘게 하기 위한 것이 아니라, 자기 자신을 위해 해야 하는 것이라는 점을 분명하게 알려줘야 한다. 처음 공부를 시작할 때는 부모님이 옆에서 도와주지만 학년이 올라갈수록 아이 스스로 할 수 있는 부분을 점차 늘려나가야 한다. 예를 들어 처음 수학 공부를 시작할 때 아이에게 이렇게 이야기해줄 수 있다.

"처음 수학 공부하는 거니까, 엄마가 개념 설명도 해주고, 네가 제대로 이해했는지 질문도 하면서 도와줄게. 그런데 3학년부터는 개념 설명 없이 네가 먼저 읽어보고, 엄마는 이해했는지 확인만 할 거야. 그리고 모르는 문제도 힌트만 줄 거고. 5학년 정도 되면 모르는 문제는 해설지를 보면서 스스로 힌트를 찾아서 풀어야 해."

실제로 자녀들 수학을 가르칠 때, 갑작스럽게 자녀들 스스로 공부해야 하는 상황이 생겼다. 새로 분양받은 아파트가 운영하는 학원과 너무 멀리 떨어져 있었기 때문이다. 이사 날짜가 다가오면서 아이들이 학원에 와서 나와 함께 공부할 수 없게 될 거라고 생각하니, 아이들 스스로 공부할 수 있는 힘을 길러줘야겠다는 생각이 절실해졌다. 그래서 아이들에게 스스로 공부하는 방법을 차근차근 알려주기 시작했다. 물론 나중에 가족회의를 통해 이사를 가지 않고 지금 사는 곳에 계속 살기로 결정하긴 했지만, 어쨌든 그 상황이 아이들의 공부 독립을 앞당기는 데 큰 도움이 되었다. 첫째 딸은 아예 중학교 1학년부터 중학교 2학년 여름방학까지 18개월 동안 혼자서 수학 공부를 했고, 둘째 딸도 중학교 3학년 8월부터 11월까지 4개월 동안 집에서 혼자 수학을 공부하도록 시켰다.

아이를 진정으로 위하는 길은, 물고기를 잡아주는 것이 아니라 물고기 잡는 방법을 가르쳐주는 것이다. 공부도 마찬가지다. 아이가 스스로 공부하는 힘, 즉 공부 독립 능력을 키워주는 것이 자녀 양육과 교육의 가장 중요한 목표임을 잊지 말아야 한다.

2장

초등 때
이것만은 꼭 시켜라

우리 아이를 공부도 잘하고, 긍정적이고, 스스로 살아갈 힘을 가진 멋진 사람으로 키우고 싶은 건 모든 부모님의 똑같은 마음일 것이다. 내가 세 아이를 키우면서 느꼈던 것, 후회했던 것, 초등 시절에 꼭 시키면 좋다고 생각하는 7가지 육아법을 소개한다. 육아 선배가 옆에서 조근조근 이야기해주는 것처럼 편안하게 들어주시기를 바란다.

1. 균형 잡힌 성장의 밑거름, 예체능 활동 적극 지원

나는 아이들에게 수영, 태권도 같은 운동은 물론, 악기나 미술 같은 예체능 활동을 꼭 시켰다. 초등학교, 중학교 시절에 예체능 관련 상장도 많이 받아오고, 아이들이 공부하다가 스트레스받을 때 악기를 연주하는 모습을 보면 정말 잘한 선택이었다는 생각이 든다. 예체능 활동은 아이들의 정서적인 안정은 물론, 현대 사회에서 중요하게 요구하는 문이과 통합적인 사고 능력을 키우는 데도 큰 도움이 된다.

수영은 아이들이 물에 대한 두려움을 없애주고, 물놀이를 더욱 즐겁게 만들어준다. 악기는 특히 수학적 사고력 발달에 긍정적인 영향을 준다고 해서 피아노를 가르쳤는데, 셋째 아들은 처음엔 싫어하더니 실력이 늘면서 오히려 피아노에 푹 빠져 악보를 찾아 연주하고, 심지어 작곡이나 편곡까지 했다. 아이들이 반에서 피아노를 제일 잘 치는 수준까지 꾸준히 시켰다. 둘째 아이는 글쓰는 걸 좋아하는데, 미술을 배우면서 그림 실력까지 늘어서 가끔 웹툰을 만들기도 한다. 예체능 활동은 아이들의 다재다능한 잠재력을 깨우고, 즐거움과 성취감을 동시에 안겨주는 소중한 경험이 된다.

2. 영어,
엄마표로 탄탄하게 기초를 다져놓기

자녀 교육에서 가장 후회하는 부분이 바로 영어다. 첫째 아이 초등학교 1학년 때 아내가 아이들을 영어 학원에 보냈는데 아이들이 단어 외우는 것에 너무 힘들어했고, 둘째 아이는 학원 가는 날이면 도망가기까지 했다. 어쩔 수 없이 영어 학원을 그만두게 하고 엄마표 영어를 시작했지만, 초등 시절 내내 흐지부지되었다. 예비 중1 때 다시 영어 학원에 보내려고 했더니, 입학 테스트에서 계속 떨어져 갈 만한 학원이 없었다. 아이들은 갈 학원을 못 찾자 자신감을 많이 잃었다. 다행히 작은 학원을 찾아 첫째는 중학교 2학년부터, 둘째와 셋째는 중학교 1학년부터 영어를 시작했지만 초등 시절부터 영어를 꾸준히 해온 아이들과는 실력 차이가 컸다. 특히 초등 때 영어가 탄탄하게 잡힌 아이들은 고등학교에 가서 영어에 큰 힘을 들이지 않는 반면, 우리 아이들은 고등학생이 되어서도 영어 학원을 다니며 힘들어하는 모습을 보면서 초등 영어의 중요성을 뼈저리게 느꼈다.

둘째 아이는 국제고나 전국 단위 자사고에 충분히 갈 수 있는 성적이었지만 영어 때문에 포기해야 했다. 외대부고나 국제고 등은 영어 수업을 이해하고 영어로 회화할 수 있는 수준을 요구하는데, 둘째 아이가 그 부분에 자신감이 없어서 아예 도전을 포기한 것이다. 그렇다고 초등학교 저학년부터 아이를 빡센 영어 학원에 보내라는 이야기는 절대 아니다. 오히려 초저학년 때부터 영어 학원에 너무 많은 에너지를 쏟은 아이들은 다른 과목 학습에 소홀해지거나, 과도한 숙제량 때문에 숙제를 베껴서 하는 잘못된 습관이 생기기도 한다.

정말 부러웠던 건, 엄마표로 자연스럽게 영어 노출 환경을 만들어주고, 아이가 놀이처럼 영어를 익히도록 도운 경우였다. 그러다가 초등학교 고학년이나 중학교 때, 아이의 수준에 맞는 좋은 어학원 상위반에 들어가서 영어 실력을 완성하는 것이다. 이렇게 자란 아이들은 부작용 없이 영어를 잘하고, 외고나 국제고 진학에도 어려움이 없었다. 엄마표 영어로도 충분히 효과적으로 영어 실력을 키울 수 있으니, 영어만큼은 꼭 초등 때부터 꾸준히 잡아주시는 것을 강력하게 추천한다. 특히 영어는 수학이나 국어보다 학습 능력이 조금 부족해도 노력하면 충분히 좋은 결과를 만들 수 있는 과목이다. 어떻게 보면 엄마표로 가장 쉽게 성과를 낼 수 있는 과목이 바로 영어다. 다른 과목은 어려워해도 영어만큼은 잘하는 아이들은 다른 과목을 극복하지 못하는 경우가 많다. 반면에 수학이나 국어는 잘하지만 영어를 어려워하는 아이들은 비교적 쉽게 영어를 극복하는 것을 자주 보게 된다. 그만큼 영어는 학습 능력이나 공부머리가 부족해도 상대적으로 수월하게 접근할 수 있고, 엄마표로 성공시키기 쉬운 과목이라는 점을 꼭 기억해야 한다.

3. 생각의 힘을 키우는 두 날개,
'독서와 글쓰기' 그리고 '논술과 한자'

독서와 글쓰기의 중요성은 이미 책에서 여러 번 강조했다. 독서를 통해 개념 이해력과 기억력이 향상되고, 글쓰기를 통해 논리적 사고력과 문제 해결 능력이 자란다. 덤으로 오래 집중하는 엉덩이 힘까지 얻을 수 있다. 아이가 스스로 책을 읽는 독서 독립이 이루어지면, 논술 학원을 보내는 것도 좋은 선택이다. 다만 아이들이 책을 깊이 읽지 않고 겉핥기만 하는 것은 아닌지 주의해야 한다. 또한 독서를 싫어하는 아이를 억지로 논술 학원에 보내면 역효과만 날 수 있다.

  한자 학습은 중학교 이후 국어, 사회, 심지어 과학까지 모든 교과서를 이해하는 데 큰 도움을 준다. 특히 추상적인 개념을 명확하게 이해하는 데 효과적이다. 한자 능력 검정 시험을 꾸준히 보면서 한자를 익히도록 지도하는 것을 추천한다.

4. 놀이 속에서 키우는
수학적 사고력, 보드게임, 퍼즐, 수학 게임, 큐브, 블록, 레고

보드게임, 퍼즐, 수학 게임 등은 아이들이 놀이를 통해 자연스럽게 수학과 친해지고 수학적 사고력을 키우는 데 아주 효과적이다. 아내는 보드게임 카페가 문 닫을 때 중고로 100만 원 상당의 보드게임을 구입해서 아이들과 함께 즐겼는데, 아이들이 게임을 하면서 자연스럽게 수학적 개념을 접하는 모습을 볼 수 있었다. 아직까지도 가끔 아이들과 보드게임을 하곤 한다.

스도쿠 같은 수학 게임은 복잡한 문제를 해결하는 능력을 길러주고, 종이접기를 꾸준히 한 아이들은 수학을 특히 잘하는 경향이 있다. 복잡한 접는 순서를 스스로 읽고 따라 하는 과정에서 논리적 사고력과 공간 감각이 발달하는 것 같다. 뇌 과학 분야의 권위자인 박문호 박사님도 종이접기의 효과를 강조하셨으니 꼭 시켜 보시길 추천한다.

큐브, 블록, 레고 같은 활동은 아이들이 도형에 대한 자신감을 갖게 해준다. 누나들보다 수학을 어려워했던 아들도 중학교 수학에서 도형 부분이 가장 쉽다고 할 정도다. 세 아이 모두 큐브, 블록, 레고를 가지고 놀았지만, 확실히 아들이 가장 좋아하고 오랫동안 집중해서 가지고 놀았다. 셋째 아들은 초등학교 1학년 때 큐브를 시작했는데, 중학교 2학년인 지금도 큐브를 즐겨 하고, 다양한 모양의 큐브를 능숙하게 맞출 뿐만 아니라, 유튜브에 없는 응용 공식을 스스로 만들어내기까지 했다. 학교에서는 큐브 최고수로 인정받고 있다.

5. 정서적 안정과 책임감을 길러주는 동물 기르기

아이들이 초등학교 때 강아지를 키우기 시작했는데, 생명에 대한 책임감을 배우는 것은 물론, 특히 사춘기 시절 힘든 시기에 정서적인 안정에 큰 도움이 되었다. 중고등학생이 된 아이들이 가끔 자기 방에서 공부할 때 강아지를 데리고 가서 안고 공부하거나, 옆에 두고 공부하는 모습을 보곤 한다. 외롭지 않고 힘든 공부에 위안이 되는 것 같다. 아이들이 어렸을 때도 학교 끝나고 집에 왔을 때 부모님이 없어도 강아지 덕분에 외롭거나 무섭지 않았다고 한다.

6. 삶의 지혜와 긍정적 관계를 선물하는 여행

시간이 날 때마다 아이들과 캠핑이나 여행을 자주 갔다. 비싼 해외여행은 자주 못 갔지만 국내 곳곳을 많이 돌아다녔다. 중고등학생이 된 아이들이 지금도 그때 여행 갔던 이야기를 자주 하고, 또 가고 싶어 하는 것을 보면 참 좋은 추억을 만들어준 것 같다. 아이들을 키워보니 중학교 3학년부터는 공부 때문에 오랫동안 여행 가는 것이 쉽지 않았다. 그러니 그전에 아이들과 함께 많은 곳을 여행하며 소중한 추억을 만들고, 긍정적인 관계를 쌓는 것을 추천한다.

그 경험들은 분명 아이들의 삶에 큰 자산이 되어줄 것이다.

7. 자립심과 뇌 발달을 돕는 집안일 시키기

나는 어릴 때 맞벌이 부모님 덕분에 자연스럽게 누나들과 집안일을 나눠서 했다. 설거지, 방 청소, 빨래, 요리까지 다양한 집안일을 하면서 자랐다. 그래서인지 지금도 집안일을 잘한다. 아이들에게 요리를 해줄 때 주력 메뉴 몇 가지는 엄마보다 맛있다고 좋아한다. 하지만 요즘 아이들은 부모님들이 집안일을 다 해주는 경우가 많아서, 스스로 집안일을 할 기회가 별로 없는 것 같다.

집안일을 하는 것은 아이의 자립심을 키우는 데 도움이 될 뿐만 아니라, 뇌 발달에 긍정적인 영향을 준다. 뇌 과학적으로 볼 때, 단순한 휴식보다는 오히려 적절한 집안일이 뇌를 활성화시키는 데 도움이 된다고 한다. 나는 아이들이 자연스럽게 집안일을 접하도록 유도하기 위해 용돈을 정기적으로 주지 않고 집안일을 하면서 스스로 돈을 벌 수 있게 했다. 딸들은 용돈이 크게 필요하지 않아서 책을 사고 싶을 때만 집안일을 했지만, 아들은 일주일 내내 설거지와 집안일을 도맡아 하면서 용돈을 벌었고, 그 돈으로 친구들과 주말마다 신나게 놀러 다녔다. 어차피 아이들이 크면 용돈을 줘야 할 때가 온다. 그때 아이들에게 집안일을 시키고 스스로 돈을 벌어보는 경험을 하게 해주는 것은, 아이의 자립심과 경제 관념을 키우는 좋은 방법이 될 수 있다.

　이 7가지 방법들이 정답은 아닐 수 있다. 하지만 내가 세 아이를 키우면서 직접 경험하고 느꼈던 것들을 바탕으로, 우리 아이들이 건강하고 행복하게, 그리고 잠재력을 최대한 발휘하며 성장할 수 있도록 돕는 데 조금이나마 도움이 되었으면 좋겠다. 엄마의 사랑과 지혜로운 지도는 우리 아이들을 세상에서 가장 빛나는 존재로 키우는 가장 강력한 힘이 될 테니 말이다.

· 3장 ·

초등 수학 공부 시
이런 것은 필요 없다!

이번 장은 초등 수학 공부 시, 오히려 아이에게 해가 될 수 있는 불필요한 3가지에 대해 솔직히 이야기해드릴 것이다. 수학 전문가가 옆에서 조언해주는 것처럼 들어주시면 좋겠다.

무리한 선행 학습은 독

수학을 잘하기 위해 입시에서 선행 학습이 어느 정도 필요한 건 사실이다. 일반적으로 고등학교 입학 시점에 고등학교 2학년 과정까지 선행이 안정적으로 되어 있다면, 내신 1등급을 받는 데 유리한 고지를 점할 수 있다. 하지만 이러한 선행은 아이의 학습 능력이 뒷받침될 때 효과를 발휘하며, 고등학교 선행을 얼마나 '잘' 해나가 느냐가 핵심이다.

아무리 초등학교, 중학교 때 선행을 빨리 나갔다고 해도, 스스로 이해하는 학습 능력이 부족하면 고등학교 수학부터 선행 속도가 급격히 느려지는 아이들이 많다. 이런 아이들은 고등학교에 가서 수학을 잘하기 어렵다. 따라서 초등 시기에는 고등학교 선행을 '빨리' 나가는 것보다, 고등학교 수학을 '잘' 해낼 수 있는 학습 능력을 키우는 데 집중해야 한다.

그렇다면 고등학교 선행을 잘 해낼 수 있는 학습 능력은 어떻게 길러질까? 첫째, 독서와 글쓰기를 통해 이해력과 사고력을 키워야 한다. 둘째, 수학 개념을 스스로 읽고 이해하는 '개념 독학' 연습을 꾸준히 해야 한다. 셋째, 심화 문제까지 도전하며 깊이 있게 수학을 공부하고 사고력을 확장해야 한다.

결론적으로 초등 시기에는 선행 학습보다는 이러한 '학습 능력' 자체를 키우는 데 집중하는 것이 훨씬 중요하다. 학습 능력이 탄탄하게 길러지면, 굳이 서두르지 않아도 중학교, 고등학교에 가서 자연스럽게 학습 속도가 붙고 선행 학습도 수월하게 진행할 수 있다. 초등까지는 학습 능력 향상에 집중하고, 중학교부터 선행 학습에 좀 더 무게를 두는 전략이 현명하다.

우리 둘째 딸의 경험을 예로 들어보면, 초등학교 2학년 때 담임 선생님께서 아이가 수학을 어려워한다며 학습지나 공부방을 권

유하셨다. 그렇지만 그런 곳에 보내지 않고 내가 초등학교 3학년 때부터 아이를 직접 지도했다. 한 학기에 디딤돌 기본, 최상위, 팩토 사고력 3권으로 꾸준히 현행 학습을 진행했고, 개념은 스스로 읽고 이해하도록 지도했으며, 심화 문제는 충분한 시간을 주며 천천히 풀도록 했다. 이렇게 공부하니 초등학교 6학년이 되었을 때 중학교 1학년 과정을 선행할 수 있게 되었다. 1년 정도의 선행이었으니 결코 빠른 속도는 아니었다. 초등학교 6학년부터 중학교 1학년까지 2년 동안 중학교 3년 과정을 마치고 고등학교 선행 학습에 들어갔다. 중학교 선행 시에는 개념과 응용 교재 위주로 진행했고, 심화 교재는 현행 복습 시 내신 대비용으로 활용했다. 중학교 2학년부터 3학년까지 2년 동안 고등학교 2학년 과정까지 탄탄하게 마무리할 수 있었던 이유는, 초등 시기 선행 학습에 매달리기보다는 '스스로 생각하는 힘'을 키우는 데 집중했기 때문이다. 오히려 그 덕분에 중학교, 고등학교 과정을 효율적으로 빠르게 진행할 수 있었던 것이다. 하지만 많은 아이들은 초등 시기 학원에서 수동적으로 수업을 들으며 빠른 선행 학습에만 집중하다가, 정작 중학교 과정부터 속도가 느려지고 고등학교 과정에서는 아예 진도를 따라가지 못하는 안타까운 상황에 놓이게 된다. 학습 능력이 뒷받침되지 않는 선행 학습은 '모래 위에 지은 성'과 같다.

극심화와 경시에
억지로 매달릴 필요는 없다

극심화 문제나 경시 대회 준비는 아이가 수학을 정말 즐거워하고 좋아할 때, 혹은 과학고나 영재고 진학이라는 명확한 목표를 가지고 있어서 어려운 과정을 감내할 만한 정신력이 있을 때만 고려해야 한다. 대부분의 아이들은 극심화 문제를 억지로 풀도록 강요받으면 수학에 대한 흥미를 잃고 자신감만 떨어지기 십상이다. 초등 심화 학습은 디딤돌 최상위 정도 수준으로 충분하다. 만약 초등 심화 학습 후 시간이 남는다면, 무리하게 극심화에 매달리기보다는 다음 학년 선행 학습을 진행하거나, 중고등학교 수학에서 심화 또는 극심화에 도전하도록 기다려주는 것이 현명하다.

첫째 딸의 경우 나도 처음이라 욕심이 앞서 아이에게 억지로 극심화 문제집을 풀리고 경시 대회에 출전시키기도 했다. 하지만 아이는 경시 대회에 나갈 때마다 절반 이상의 문제를 풀지 못했고, 수학에 대한 자신감을 완전히 잃어버렸다. 현재 고등학생인 첫째 딸은 아직도 수학에 대한 감정이 좋지 않다. 스스로 수학을 못한다고 생각한다. 하지만 실제로는 그렇지 않다. 공부를 잘하는 고등학교에 진학해서 내신은 그리 좋지는 않지만 모의고사 성적은 1~2등급을 꾸준히 유지하고 있다. 개념 이해력도 뛰어나서 고등학교 과정을 혼자서 개념 독학으로 공부할 정도다. 그럼에도 수학을 싫어하고 자신 없어 하는 이유는, 초등 시기 무리한 극심화 학습 때문이라고 생각한다. 그때 디딤돌 최상위 정도 수준으로 꾸준히 진도를 나갔다면, 지금보다 훨씬 수학에 대한 자신감을 가졌을 거라고 확신한다. 극심화나 경시 대회 준비는 아이가 진정으로 수학을 즐기는 경우에만 신중하게 고려해야 한다. 부모의 욕심으로 억지로 시키면, 앞으로 수학을 잘할 수 있는 아이의 수학적 흥미와 자신감을 망칠 수 있다.

단순 반복 연산 학습에
매몰되지 말 것

디딤돌 응용 문제까지 무리 없이 소화하는 아이라면, 굳이 지루한 연산 교재를 반복적으로 풀릴 필요가 없다. 오히려 단순 반복 연산은 아이의 수학적 흥미를 떨어뜨리는 주범이 될 수 있다. 이런 아이들은 기본 개념서만 꾸준히 풀어도 충분한 연산 연습 효과를 얻을 수 있다. 기계처럼 똑같은 계산만 반복하는 드릴식 연산 학습은 아이들을 수학에 질리게 만드는 첫걸음이 될 수 있다. 만약 연산 학습을 시키고 싶다면, 단순 계산 연습보다는 사고력 수학과 연산이 통합된, 좀 더 재미있고 생각하는 힘을 길러주는 연산 교재를 선택하는 것이 좋다.

가르쳤던 학생 중에 과학고에 떨어지고 일반고에 진학한 아주 뛰어난 학생이 있었다. 한국 수학 올림피아드 KMO에서 은상까지 받을 정도로 수학을 잘하는 아이였다. 가르칠 내용이 없을 정도여서, 매번 문제만 풀게 하고 모르는 것만 질문을 받아줘도 항상 100점을 맞던 학생이었다. 그런데 이 아이는 심각하게 무기력했다. 과학고 탈락의 영향도 있었겠지만, 아이와 깊이 상담해보니 그게 전부가 아니었다. 충격적이게도 아이는 미취학 시절부터 엄마가 시킨 엄청난 양의 반복 연산 학습 때문에 수학을 끔찍하게 싫어한다고 털어놓았다. 어린 나이에 의미 없이 반복되는 계산 문제를 풀면서 마치 자신이 계산 기계가 된 것 같았고, 그때부터 수학이 싫어졌다고 했다. KMO 은상까지 받을 정도로 수학 실력이 뛰어남에도 수학을 싫어한다는 사실이 너무 안타까웠다. 실제로 고등학생들을 지도해보면, 수학 1등급을 받는 아이들 중에서 수학을 싫어하는 경우가 꽤 많다. 대부분 그 이유로 너무 많은 양의 반복적인 학습을 꼽는다. 어느 정도 실력이 있는 아이들에게는 반복적인 연산이나 문제집 여러 권을 풀리는 양치기 학습보다는, **초등 시기만이라도 한 학기에 2~3권 정도의 교재를 여유 있게 풀리면서 아이가 깊이 생각하는 힘을 키우도록** 지도하는 것이 중요하다. 어차피 고등학교에 가면 내신 때문에 많은 양의 학습을 소화해야 하므로, 초중등 시절만이라도 이러한 반복적인 학습에 질리지 않도록 배려해주어야 한다.

초등 수학 공부의 핵심은 '속도'가 아닌 '정확한 방향' 설정이다. 무리한 선행 학습, 아이의 수준에 맞지 않는 극심화 학습, 그리고 지루한 단순 반복 연산 학습은 오히려 아이의 수학적 흥미와 자신감을 꺾고, 장기적으로 수학 실력 향상에 부정적인 영향을 미칠 수 있다.

· 4장 ·
스스로 알아서 하는 공부 독립을 위한 자녀 교육 로드맵

엄마 손길 없이도 혼자서 척척 공부하는 멋진 우리 아이의 모습, 상상만 해도 뿌듯하다. 이번 장에서는 아이를 '공부 독립'으로 이끌어줄, 학년별 맞춤 교육 로드맵을 소개한다.

미취학 시기:
수학과 친해지는 준비 운동 단계

이 시기에는 본격적인 수학 공부에 들어가기 전에, 놀이를 통해 수학적 사고력의 기초를 다지는 '빌드업' 과정이 중요하다. 보드게임, 블록, 사고력 수학 교구 등을 활용해서 아이가 수학을 딱딱하고 어려운 것이 아닌, 재미있는 놀이의 하나로 자연스럽게 받아들이도록 돕는다. 숨겨진 규칙을 찾고, 공간을 탐색하고, 논리적으로 생각하는 경험들이 훗날 수학 공부의 든든한 밑거름이 되어줄 것이다.

초등학교 1~2학년:
스스로 설명하는 힘 키우는 습관 형성 단계

이 시기는 좋은 공부 습관을 형성하는 데 집중해야 한다. 엄마가 수학 개념을 쉽고 재미있게 설명해주면, 아이가 이해한 내용을 말로 다시 엄마에게 설명하도록 유도한다. 언어 능력이 뛰어난 아이라면, 그림이나 쉬운 설명이 있는 개념서를 보며 개념 독학에 슬슬 도전해보는 것도 좋다. 연산의 규칙을 배웠다면, 그 규칙을 아이 스스로 엄마에게 설명하게 시키는 것도 좋은 방법이다. 무조건 입으로 설명하는 연습을 통해 아이는 자신의 이해도를 점검하고, 부족한 부분을 명확히 인지할 수 있다.

    틀린 문제는 그냥 넘어가지 않고 오답 노트를 정리한 후, 엄마에게 설명하도록 지도한다. 모든 문제를 풀 때는 연습장이나 문제집에 풀이 과정을 꼼꼼하게 쓰도록 습관을 들이고, 시간제 학습을 통해 정해진 시간 동안 집중해서 수학 공부에 몰두하는 경험을 쌓게 한다. 만약 연산 학습을 한다면, 단순 반복 연산보다는 사고력 수학과 통합된 재미있는 연산 교재를 활용하여 수학에 대한 흥미를 잃지 않도록 한다.

초등학교 3~4학년:
스스로 읽고 이해하는 힘 키우는 성장 단계

어느 정도 어휘력과 문장 이해 능력이 발달했다면, 본격적으로 개념 독학에 도전해본다. 아이는 개념서를 스스로 읽고, 중요한 내용을 자신만의 언어로 개념 노트에 정리한다. 엄마는 아이가 정리한 내용을 바탕으로 묻고 답하는 활동을 통해 제대로 이해했는지 꼼꼼하게 확인하고, 혹시 잘못 이해한 부분(개념 오독)이 있다면 친절하게 교정해준다. 시간제 학습을 꾸준히 유지하면서, 교과 심화 문제에도 여유를 가지고 도전해본다. 당장 답이 나오지 않더라도 충분한 시간을 주고 스스로 고민하게 하고, 아이가 도움을 요청할 때는 바로 답을 알려주기보다는 힌트만 제공하며 조력자 역할을 한다. 스스로의 힘으로 어려운 문제를 해결했을 때 느끼는 성취감은 아이의 수학 실력 향상에 큰 동기 부여가 된다.

초등학교 5~6학년:
스스로 하는 공부 습관 완성 단계

이 시기에는 개념 독학과 심화 학습을 꾸준한 습관으로 만들어주는 데 집중해야 한다. 오답이 나왔을 경우, 모든 틀린 문제를 다 오답 노트에 정리하게 하는 대신 어려웠거나 중요하다고 생각되는 문제 몇 개를 골라서 논서술형 형태로 꼼꼼하게 정리하도록 한다. 오답 노트 정리는 양보다는 정확하게 이해하고 넘어가는 것이 더 중요하다. 틀린 문제는 오답 노트 정리와 별개로 반드시 다시 풀어보도록 해야 한다. 학습 능력이 뛰어난 아이의 경우에는, 개념 독학을 통해 중학교 수학 선행 학습에 도전해볼 수 있다.

중학교 1~2학년:
선행과 심화 학습 전략 적용 단계

아이의 수학 학습 속도에 따라 부분적 심화 학습 전략을 활용하고, 현행 학습 시 심화 학습에 도전하면서 선행 학습을 병행한다. 부분적 심화란, 시간이 부족할 경우, 중학교 6학기 과정 중 심화 학습의 중요도 순서(중2-1 > 중2-2 > 중3-1 > 중3-2 > 중1-1 > 중1-2)에 따라 2~3개 학기만 선택적으로 심화 학습을 진행하는 것을 의미한다. 현행 시 심화 학습은 선행 학습 시에는 개념과 기본적인 유형(응용) 교재 위주로 진도를 나가고, 현행 학기 중 내신 대비 기간에 준심화 또는 심화 교재에 도전하는 학습 방식이다. 이러한 전략을 통해 효율적으로 선행 학습을 진행하면서 현행 학습에 대한 깊이 있는 이해를 놓치지 않을 수 있다.

중학교 3학년~고등학교 1학년:
고등 선행 학습 가속화 단계

고등학교 입학 전까지 최대 고등학교 2학년 과정까지 선행 학습을 목표로 한다. 각 과정별로 오답 문제를 3~6회 정도 충분히 반복하며 복습하고, 고등학교 1학년 과정은 4권 이상, 고등학교 2학년 과정은 2권 이상 학습하는 것을 권장한다. 고등학교 과정부터는 필요에 따라 인터넷 강의를 활용하거나 학원을 다니는 것도 좋은 선택이다. 특히 초등학교, 중학교 시절 꾸준히 개념 독학 능력을 키워온 아이라면, 강의를 통해 선행 학습 속도를 더욱 빠르게 향상시킬 수 있다.

공부 독립 완성 단계:
스스로 해나가는 힘 기르기(초등학교 5학년부터)

초등학교 5학년이 되면, 점차적으로 엄마표 학습에서 벗어나 아이 스스로 공부하는 혼공 시스템으로 전환을 시도한다. 아이는 지금까지 엄마가 관리해주었던 방식을 토대로 자신만의 학습 계획을 세우고 실천해나간다. 모르는 개념이 나왔을 때는, 먼저 개념서를 다시 복습하거나 인터넷 강의를 찾아보면서 스스로 해결하는 방법을 터득하도록 지도한다. 어려운 문제를 만났을 때는 바로 답을 찾아보기보다는, 해설지를 한 줄씩 가려가며 읽고 이해되는 부분까지 스스로 풀어보는 연습을 시킨다. 스스로 해결하지 못한 문제는 반드시 오답 노트에 정리하도록 습관화한다.

단계별 로드맵을 통해 아이는 점차적으로 스스로 공부하는 힘을 키우고, 마침내 그 누구의 도움 없이도 자신의 학습을 주도적으로 이끌어가는 공부 독립을 이룰 수 있다.

엄마의 궁금증 해결
Q&A

수학 공부, 어디서부터 어떻게 시작해야 할지, 학원은 보내야 할지 말아야 할지, 선행은 얼마나 해야 할지, 엄마들의 머릿속엔 늘 물음표가 가득하다. 초등 수학에 대한 엄마들의 흔한 궁금증들에 속 시원하게 답한다.

사고력 수학, 언제부터 어떻게 해야 할까

Q 사고력 수학, 언제부터 언제까지 하면 좋을까요?

A 미취학부터 초등학교 4학년까지 적극 추천한다. 미취학 시기에는 블록이나 교구를 활용한 재미있는 사고력 프로그램이 많으니, 아이가 수학을 놀이처럼 즐겁게 접할 수 있도록 해준다. 초

등학교 5학년부터는 사고력 수학보다는 서술형 문제집을 풀리거나 중등 수학 선행을 준비하는 것이 효율적이다.

Q 사고력 수학, 학원 보내는 게 좋을까요? 집에서 해도 될까요?

A 둘 다 괜찮다. 집에서 팩토 같은 쉬운 교재를 사서 꾸준히 풀려도 충분하다. 학원을 보낸다면, 아이가 놀이처럼 즐겁게 참여할 수 있는 곳으로 주 1회 정도 보내는 것을 추천한다.

Q 사고력 수학 교재가 그림만 많던데, 괜찮은 건가요?

A 미취학부터 초등학교 4학년까지는 구체물을 직접 만지고 조작하는 체험이 정말 중요하다. 사고력 수학 교재를 고를 때도, 만들기 활동이나 조작 활동이 많은 교재를 선택한다. 사고력 학원을 고를 때도 마찬가지로, 교구를 활용한 체험 수업을 많이 하는 곳이 아이의 사고력 발달에 도움이 된다.

Q 초등 3학년, 교과 수학 외에 뭘 시키면 좋을까요?

A 사고력 수학, 블록, 보드게임, 종이접기 등 다양한 수학 체험 활동을 적극적으로 시켜주어야 한다. 물론 독서도 꾸준히 시키는 것이 중요하다. 연산을 시키고 싶다면, 단순 연산 문제집보다는 사고력과 연산이 통합된 소마셈이나 원리셈 같은 교재가 효과적이다.

Q 연산 vs 사고력 수학, 뭘 먼저 시켜야 할까요?

A 단연코 사고력 수학이다. 사고력 수학이라고 해서 다 어려운 것만 있는 게 아니다. 아이들에게 흥미나 재미를 느끼게 해주고 생각하는 힘도 키워주는 창의 사고력 수학도 많다. 보통 연산은 별도의 문제집을 풀지 않아도, 70% 정도의 아이들은 교과서나 개념서만으로 충분히 따라갈 수 있다. 시간이 남아서 연산을 시키는 건 나쁘지 않지만, 대부분의 아이들은 굳이 시간을 따로 내서 연산 연습에 매달릴 필요는 없다.

연산 학습, 똑똑하게 하는 방법은

Q 연산 학습지 진도가 너무 빠른데, 계속 선행해도 될까요?

A 아이가 연산에 질리지 않고 즐거워한다면 계속해도 괜찮다. 하지만 연산의 원리를 꼭 확인해주어야 한다. 엄마가 미리 원리를 설명해주거나, 아이에게 설명해보라고 시키는 것도 좋은 방법이다. 학습지 선생님들이 바빠서 원리까지 충분히 설명해주지 못하는 경우도 많다. 연산 선행만 하고 원리를 제대로 모르면, 학교 수업을 소홀히 듣게 되고 원리를 등한시하고 공식만 암기하는 잘못된 공부 습관이 생겨 중학교 이후 수학을 어려워할 수 있다.

Q   연산 문제집 vs 서술형 문제집, 뭘 시켜야 할까요?

A   초등 3학년은 아직 언어 이해력이 부족할 수 있어서 서술형 문제집이 어려울 수 있다. 보통 문제 해결의 길잡이 같은 서술형 문제집은 초등학교 5학년부터 시작하는 것을 추천한다. 만일 아이가 책을 잘 읽고 이해하는 능력이 뛰어나다면, 연산보다는 서술형 문제집이 사고력 향상에 더 도움이 될 수 있다. 하지만 가장 좋은 건 조작 활동이 많고 재미있는 사고력 수학 교재다.

Q   집중 못 하고 연산 실수가 잦은 아이, 어떻게 해야 할까요?

A   그 나이 아이들이 집중을 못 하는 건 자연스러운 현상일 수 있다. 하지만 집중력을 높이고 싶다면, 아이의 집중을 방해하는 요인이 있는지 먼저 살펴보아야 한다. 전자기기 노출이나 도파민 분비를 과도하게 자극하는 활동(쇼츠 영상 시청, 게임 등)은 집중력 저하의 원인이 될 수 있다. 연산 실수가 잦은 이유는 아이가 연산 규칙을 제대로 이해하지 못했기 때문일 수 있다. 아이에게 연산 규칙을 말로 설명하게 한 후 문제를 풀게 하고, 틀린 문제는 스스로 틀린 부분을 찾아 파란색 펜으로 고치도록 하면 아이가 자신의 실수 패턴을 인식하고 개선할 수 있다.

선행 학습,
얼마나 해야 효과적일까

Q 수학 선행, 어느 정도까지 해야 할까요?

A 초등 시기에는 현행 학습을 꼼꼼히 하면서 학습 능력을 키우는 데 집중한다. 방학 때마다 한 학기 정도 개념 선행을 하고, 학기 중에는 현행 심화나 사고력 수학을 하는 것이 좋다. 이렇게 해도 아이의 진도가 빠르다면 선행을 해도 괜찮다. 고등학교 입학 시점에 고등학교 2학년 과정까지 안정적으로 선행되어 있으면 내신 1등급을 받는 데 유리하다. 2년 정도의 선행은 중학교 입학 후부터 시작해도 충분하다. 중요한 건 개념 이해력, 개념 저장 능력, 문제 해결 능력과 같은 학습 능력을 키우는 것이다. 초등학교 때는 좋은 공부 습관과 생각하는 힘을 키우는 데 집중해야 한다.

Q 문제집은 한 학기에 몇 권 정도 풀어야 적당할까요?

A 3권 정도가 적당하다. 아이의 학습 수준에 따라 조합하는 것이 좋다.
- 연산 실수가 많다면: 연산 교재 1권 + 개념서 2권
- 개념 이해는 괜찮은데 응용 문제에서 실수가 많다면: 개념서 2권 + 응용서 1권
- 개념 이해도 잘하고 오답도 적다면: 개념서 1권 + 심화서 1권 + 기타 1권 (기타는 초4까지는 사고력 수학, 초5부터는 문제 해결의 길잡이 같은 서술형 문제집 추천)

진도가 빠르면 자연스럽게 선행을 나가면 된다. 아이가 수학을 좋아한다면 경시 문제집을 추가해서 경시대회 경험을 쌓는 것도 좋은 자극이 될 수 있다.

심화 학습, 언제부터 어떻게 시작해야 할까?

Q 초2까지 교과 심화를 안 했는데, 초3부터 해야 할까요?

A 아이가 개념서를 잘 이해하고 문제를 잘 푼다면 심화 학습을 시작하는 것을 추천한다. 처음부터 너무 어려운 심화서보다는 쉬운 심화서부터 시작해서 아이가 수학에 대한 흥미를 잃지 않도록 배려해주어야 한다. 예를 들어 '디딤돌 최상위'가 어렵다면 '디딤돌 최상위S'부터 도전해보는 것이 좋다. 처음 심화를 접할 때는 어렵게 느껴질 수 있으니, 많은 문제를 풀기보다는 한 문제라도 스스로 해결하는 경험을 통해 성취감을 느끼게 해주어야 한다. 초등학교 3학년 때 심화 학습을 잘 극복하면, 초등학교 5학년부터 학습 속도가 매우 빨라지고 중등 심화까지 수월하게 이어갈 수 있다.

Q 의대가 목표라면 어떻게 공부해야 할까요?

A 의대 진학은 매우 어려운 목표이므로, 체계적인 학습 전략이 필요하다. 과고/영재고를 목표로 하는 것이 아니므로 극심화까지

는 필요 없지만, 충분한 심화 학습과 선행 학습이 이루어져야 한다. 고등학교 진학 시 국어와 영어 실력이 탄탄해야 하며, 과학도 중학교 때부터 고등 과정을 선행해야 한다. 따라서 초등 시기에는 충분한 독서를 통해 국어 능력을 키우고, 영어 학습을 완성하는 것을 목표로 한다. 수학의 경우, 초등학교 4학년까지 초등 선행과 심화를 마무리하고, 초등학교 5~6학년 동안 중등 선행과 심화를 마치는 것이 좋다. 늦어도 중학교 1학년부터는 고등 선행과 심화를 준비해야 한다.

학원, 언제 보내는 것이 좋을까?
어떤 학원을 골라야 할까?

Q 학원은 언제부터 보내야 할까요?

A 아이가 스스로 학습을 잘하고 엄마표로 잘 따라온다면, 중등 수학이나 고등 수학을 시작할 때 학원을 보내도 괜찮다. 하지만 엄마표로 케어가 어렵거나 아이 스스로 학습이 잘 안 되는 경우에는, 초등학교 3학년부터 보내는 것을 추천한다. 초등학교 3학년부터 나눗셈이나 분수와 같이 어려운 개념을 배우기 때문이다. 특히 극심화 문제를 잘 소화하는 영재 수준의 아이들은 학년에 상관없이 전문 학원에서 전문 선생님께 배우는 것이 더 효과적일 수 있다.

Q 성대 경시 같은 경시대회를 준비하려면 학원을 보내는 것이 도움이 될까요?

A 경시 대회 수준의 학습은 학원의 도움을 받는 것이 확실히 유리하다. 물론 엄마가 어려운 경시 문제까지 가르칠 수 있다면 집에서 시켜도 되지만, 일반적으로 전문적인 학원의 도움을 받는 것이 효율적이다. 다만, 경시 수학은 아이가 정말 좋아하고 즐거워할 때만 시킨다. 충분한 준비 없이 경시대회에 나가면 아이가 결과에 실망하고 수학에 대한 흥미를 잃을 수도 있다. 초등 경시대회 성적이 고등 수학 실력으로 이어지는 것은 아니니, 아이의 즐거움을 최우선으로 생각해야 한다.

Q 학원을 보낸다면 어떤 학원을 추천하시나요?

A 초등학교 3학년 시기 학원을 보낸다면 학습 능력을 길러주는 학원을 보내야 한다. 사고력 수학 학원도 좋다. 교과 수학 학원을 보낸다면, 스스로 개념을 읽으면서 이해하는 연습, 이해한 개념을 노트에 요약 정리하는 연습, 어려운 문제는 스스로 생각하며 푸는 연습, 문제집이나 연습장에 식을 써서 푸는 연습, 틀린 문제는 반드시 다시 풀어서 정확히 아는 연습과 같이 좋은 공부 습관을 잡아줄 수 있는 학원을 선택한다.

이와 더불어 아이에게 개념이나 문제 풀이에 대해 설명하게 시키는 곳이 좋다. 이런 설명하기 습관이 들면 아이는 혼자서 공부할 때도 설명하기를 이용한다. 설명하기는 학습한 내용을 장기 기억에 저장하는 가장 좋은 방법이다.

중고등 수학을 지배하는 초3 필수 개념 마스터 플랜

중고등 수학은 결국 초3 개념 위에 세워진다. 초3에서 배우는 수와 연산, 도형, 측정이 고등 수학까지 연결된다. 교과서 개념을 정확히 이해시키고, 약점을 체크하고, 반복 학습을 설계해야 한다. 이 시기에 개념을 제대로 잡으면, 중고등 수학은 두렵지 않다. 수학의 뼈대를 만드는 시기, 절대 놓치지 마라.

· 1장 ·

초등 수학,
제대로 알고 가자

우리 아이가 처음 만나는 수학, 딱딱하고 어렵게 느껴지지 않도록 엄마가 먼저 수학의 본질을 이해하고 아이 눈높이에 맞춰 지도할 수 있어야 한다. 초등 수학의 핵심 개념들을 소개한다.

수학의 특별함, 추상화

수학과 과학의 가장 큰 차이점은 무엇일까? 과학은 우리 눈에 보이는 구체적인 사물을 탐구하지만, 수학은 눈에 보이지 않는 추상적인 개념을 다룬다는 점이다. 우리가 매일 사용하는 숫자 자체가 대표적인 추상적인 개념이다. 과학이 1차원(선), 2차원(평면), 3차원(공간)의 현실 세계를 대상으로 한다면, 수학은 그 너머의 4차원, N차원까지 사고의 대상을 확장할 수 있는 학문이다. 이처럼 수학은 구체적인 것에서 핵심을 뽑아내 추상적인 아이디어로 만들고, 그것을 더 넓은 범위로 적용하는 일반화를 통해 발전한다.

초등학생들이 처음 수학을 어려워하는 이유는 바로 이 추상적인 사고가 아직 익숙하지 않기 때문이다. 예를 들어 "사과 2개와 사과 1개를 더하면 얼마일까요?"라는 질문에는 아이들이 쉽게 "3개"라고 대답하지만, "사과 2개와 배 1개를 더하면 얼마일까요?"라고 물으면 "사과랑 배는 더할 수 없어요" 혹은 "그냥 사과 2개, 배 1개예요"와 같이 엉뚱한 대답을 할 수도 있다. 구체적인 사물에서는 같은 종류인지 아닌지가 덧셈의 중요한 조건이지만, 수학에서는 사물의 종류에 상관없이 단순히 개수를 더하는 추상적인 개념을 다루기 때문이다. 아이들이 이러한 추상적인 사고를 자연스럽게 할 수 있게 되는 시기는 보통 초등학교 5학년 이후, 즉 형식적 조작기에 접어들면서부터이다. 초등학교 5학년부터 중등 수학 선행 학습이 비교적 수월하게 진행될 수 있는 이유이기도 하다.

1. 초등학교 저학년, 구체적인 경험을 통해 수학 개념의 싹 틔우기

그렇다면 구체적 조작기에 머물고 있는 초등학교 3학년 이전의 아이들에게는 어떻게 수학을 지도해야 할까? 추상화하거나 일반화하는 것을 최대한 자제하고, 구체적인 상황과 경험을 통해 하나씩 개념을 익히도록 안내해야 한다.

예를 들어 '연속한 세 수의 합은 가운데 수의 3배와 같다'라는 개념을 어른들은 $(n-1)+n+(n+1)=3n$과 같이 간단하게 일반화할 수 있지만, 아이들에게는 이렇게 지도하면 추상적이고 어렵게 느껴질 수 있다. 아이들에게는 구체적인 예시를 통해 단계별로 접근해야 한다.

> "내가 사과 1개, 엄마가 2개, 아빠가 3개 가지고 있었는데, 아빠가 나에게 사과 1개를 줬어. 그럼 나는 몇 개가 되었을까? (2개) 엄마는? (2개) 아빠는? (2개) 모두 똑같이 2개가 되었네!"
>
> $1 + 2 + 3 = 2 + 2 + 2 = 2 \times 3$

여기서 멈추지 않고, 다른 구체적인 예시를 계속 제시하면서 아이들이 스스로 규칙을 발견하도록 유도한다.

> $2 + 3 + 4 = 3 + 3 + 3 = 3 \times 3$
> $3 + 4 + 5 = 4 + 4 + 4 = 4 \times 3$
> $4 + 5 + 6 = 5 + 5 + 5 = 5 \times 3$
> ⋮

이렇게 반복하다 보면 아이들은 '가운데 있는 숫자만큼씩 똑같이 되는구나'와 같은 원리(추상화된 일반적인 개념)를 스스로 찾아낸다. 여기까지 발견했다면, 조금 더 발전된 질문을 던져볼 수 있다.

> "이번에는 내가 바둑돌 10개, 엄마가 20개, 아빠가 30개 있었는데, 아빠가 나에게 10개를 줬어. 그럼 나는? (20개) 엄마는? (20개) 아빠는? (20개) 이번에도 똑같아졌네!"
> 10 + 20 + 30 = 20 + 20 + 20 = 20 × 3

이 과정 역시 비슷한 예시를 통해 계속 반복하다 보면, 아이들은 원리를 스스로 깨닫게 된다.

"10씩 건너뛰는 세 수의 합은 가운데 수의 3배랑 같아요!"

더 나아가 다양한 수를 제시하며 실험하도록 유도하면, 아이들은 마침내 '일정한 간격으로 건너뛰는 세 수의 합은 가운데 수의 3배와 같다'라는 일반화된 원리를 스스로 발견하게 된다. 이렇게 원리를 이해하면 이런 문제도 쉽게 풀 수 있게 된다.

> "110씩 건너뛰는 세 수의 합이 693입니다. 이러한 세 수를 구해보세요."
> 가운데 수의 3배가 693이므로 가운데 수는 693 ÷ 3 = 231이다.
> 231 - 110 = 121, 231, 231 + 110 = 341
> 세 수는 110씩 건너뛰므로 121, 231, 341이 된다.

이처럼 초등 수학 지도는 구체적인 상황에서 시작하여 아이 스스로 단계를 뛰어넘지 않고 예시를 통해 원리를 발견하도록 안내해야 한다. 이러한 접근 방식이야말로 아이들이 수학을 제대로 이해하고 즐거움을 느낄 수 있도록 이끄는 핵심이다.

2. 아이의 눈높이에 맞춰 단계를 잘게 쪼개기

어른들은 이미 추상적인 사고와 일반화에 익숙하기 때문에, 엄마표로 수학을 지도하다 보면 무의식적으로 단계를 건너뛰거나 너무 압축적으로 설명하는 실수를 저지르기 쉽다. 예를 들어 '(1시간 45분) + (2시간 37분)'을 계산하는 문제를 가르치기 전에, 아이들이 시간과 분이라는 단위를 명확히 이해하고 60진법에 익숙해지도록 단계를 세밀하게 나누어야 한다.

먼저 '1시간은 몇 분일까?'와 같이 기본적인 단위를 확인하고, '1시간 1분은 모두 몇 분일까? (61분)', '62분은 몇 시간 몇 분일까? (1시간 2분)'과 같이 10진법에는 익숙하지만 60진법에는 낯선 아이들을 위해 60진법 변환 연습을 충분히 시켜야 한다. 특히 시계에서 분이 60을 넘어가면 시간이 바뀌는 '받아올림'이 어디에서 일어나는지 구체적으로 설명해주어야 한다.

> 1시간 59분은 60분 + 59분 = 119분
> 120분 = 60분 + 60분이니까 1시간 + 1시간 = 2시간

받아올림의 원리를 시각적으로, 단계적으로 이해시키는 것이 중요하다. 이러한 충분한 연습을 거친 후에야 비로소 "1시간 45분 + 2시간 37분 = 3시간 82분 = 3시간 + 1시간 + 22분 = 4시간 22분"이라는 복잡한 계산을 아이들이 어려움 없이 이해할 수 있게 된다.

3. 덧셈의 다양한 얼굴: 첨가와 합병 그리고 단위의 중요성

수학에서 덧셈은 단순한 '더하기' 이상의 의미를 담고 있다. 크게 첨가와 합병 두 가지로 나눌 수 있다. '첨가'는 원래 있던 것에 더해지는 상황, 예를 들어 연필 2자루가 있는데 친구가 3자루를 줘서 5자루가 되었다는 상황이고, '합병'은 서로 다른 두 그룹을 합쳐서 전체를 만드는 상황, 노란색 공 2개와 빨간색 공 3개를 합하면 총 5개의 공이 된다를 의미한다. 아이들은 단순 연산뿐만 아니라, 덧셈이 이러한 다양한 실생활 상황을 표현하는 도구임을 이해해야 한다.

덧셈을 처음 배울 때는 10진법의 원리를 정확히 이해하고, 이

후 배우게 될 뺄셈을 수월하게 하기 위해 가르기와 모으기 연습을 충분히 해야 한다. 특히 10이나 100을 두 개의 수로 다양하게 가르는 연습은 뺄셈의 '빌려오기' 개념을 쉽게 이해하는 데 큰 역할을 한다.

덧셈을 할 때 단위의 개념도 명확히 지도해야 한다. "사과 2개와 사과 3개를 더하면 사과 몇 개일까요?"와 같이 단위가 같은 경우에는 문제가 없지만, "사과 2개와 오렌지 3개를 더하면?"과 같이 단위가 다를 경우에는 아이들이 혼란을 느낄 수 있다. 이때는 공통 단위로 질문을 바꿔주는 것이 좋다. "사과 2개와 오렌지 3개를 더하면 모두 몇 개의 과일이 될까요?"처럼 말이다.

덧셈은 순서를 바꿔 더해도 결과가 같은 교환 법칙(a+b=b+a)과, 여러 수를 더할 때 더하는 순서를 바꿔도 결과가 같은 결합 법칙{(a+b)+c=a+(b+c)}이 성립한다. 하지만 덧셈의 교환 법칙과 결합 법칙이 실생활에서는 의미가 달라질 수 있음을 아이들에게 인지시켜야 한다. '사과 2개와 오렌지 3개를 더하는 것'과 '오렌지 3개와 사과 2개를 더하는 것'은 모두 '과일 5개'라는 결과는 같지만, 물건을 놓는 순서나 상황 자체는 다를 수 있다는 것을 설명해주는 것이다. 덧셈의 교환 법칙과 결합 법칙은 추상적인 수의 계산에서만 성립하는 원리임을 이해해야 한다. 물론 교환 법칙과 결합 법칙을 잘 활용하면 복잡한 덧셈 계산을 훨씬 쉽고 빠르게 할 수 있다는 것도 함께 알려주어야 한다.

> 86 + 27 + 14 = 86 + 14 + 27 (교환 법칙)
> = (86 + 14) + 27 (결합 법칙)
> = 100 + 27
> = 127

4. 뺄셈의 숨겨진 의미들: 제거, 차이, 동치 그리고 부분-전체 관계

뺄셈은 덧셈보다 조금 더 다양한 의미를 가지고 있다. 전체에서 일부를 덜어내는 제거(빵 5개 중 2개를 먹으면 남은 빵의 개수), 두 대상을 비교하여 얼마나 다른지 차이(10살인 나와 7살인 동생의 나이 차이), 두 대상을 같게 만들기 위해 필요한 동치(2천 원 있는 내가 5천 원 있는 친구와 돈이 같아지려면 얼마가 더 필요한지) 등이 있다. 아이들은 단순한 빼기 계산뿐만 아니라, 이러한 다양한 상황에서 뺄셈이 어떻게 활용되는지를 이해해야 한다.

특히 초등학교 교과서에서는 실생활 상황을 연산으로 표현하거나, 반대로 연산식을 보고 실생활 상황을 만들어보는 문제가 자주 출제된다. 예를 들어 '교실에 남학생 6명, 여학생 4명이 있습니다. 이 상황을 덧셈과 뺄셈 문제로 만들어보세요'와 같은 문제다. 덧셈 문제는 아이들이 쉽게 만들지만(남학생 6명과 여학생 4명이 있으면 모두 몇 명일까요?), 뺄셈 문제는 어려워하는 경우가 많다. 이는 부분과 전체의 의미를 담고 있는 뺄셈을 제대로 이해하지 못하기 때문이다. 위의 상황을 부분과 전체의 뺄셈으로 표현하면 '교실에 10명의 학생이 있습니다. 여학생이 4명이라면 남학생은 몇 명일까요?'가 된다. 이러한 문제들을 통해 아이들은 연산의 원리와 의미를 더욱 깊이 있게 이해하게 된다.

뺄셈은 덧셈과 달리 교환 법칙과 결합 법칙이 성립하지 않는다. $(a-b \neq b-a)$, $\{(a-b)-c \neq a-(b-c)\}$. 하지만 덧셈과 마찬가지로 가르기를 활용하면 뺄셈 계산을 훨씬 편리하게 할 수 있다.

```
50 - 27
= 50 - 20 - 7
= 30 - 7
= 23
```

5. 곱셈의 기본 원리:
동수누가, 교환/결합 법칙의 활용

곱셈의 가장 기본적인 의미는 동수누가, 즉 같은 수를 여러 번 더하는 것이다. 예를 들어 3×4는 3을 4번 더한 것(3+3+3+3)과 같다. 곱셈 역시 덧셈과 마찬가지로 교환 법칙($a \times b = b \times a$)과 결합 법칙{(a×b)×c=a×(b×c)}이 성립한다.

3×4=4×3은 결과는 같지만, 3×4는 3이 4개 있는 상황(3+3+3+3), 4×3은 4가 3개 있는 상황(4+4+4)으로 의미는 서로 다르다는 것을 이해하는 것이 중요하다. 이러한 곱셈의 원리를 정확히 이해하는 것은 이후 분배 법칙 등 더 복잡한 수학 개념을 배우는 데 중요한 토대가 된다.

이처럼 초등 수학은 추상적인 개념을 다루지만, 아이들의 인지 발달 단계를 고려하여 구체적인 경험과 쉬운 설명을 통해 접근해야 한다. 아이들이 수학의 기본 개념들을 정확하게 이해하고, 수학에 대한 흥미와 자신감을 키울 수 있도록 엄마가 옆에서 든든한 지원군이 되어줄 수 있어야 한다.

· 2장 ·

초3 교과과정 완전 분석

초등학교 3학년이 되면 수학 공부가 어떻게 달라질까? 덧셈, 뺄셈 뿐만 아니라 곱셈, 나눗셈, 분수까지 새로운 개념들이 쏟아져 나오니 엄마도 미리 알아두면 아이를 더 잘 이해하고 도울 수 있다. 엄마가 교과서의 구성을 미리 이해하고 아이의 학습 과정을 살펴보면, 아이의 수학 실력 향상에 든든한 지원군이 되어줄 수 있다.

3학년 수학, 1년 동안 뭘 배울까? 단원별 핵심 내용

3학년 수학은 1학기와 2학기로 나뉘어 총 6개의 단원을 배우게 된다.

구분	1학기	2학기
1단원	덧셈과 뺄셈	곱셈
2단원	평면도형	나눗셈
3단원	나눗셈	원
4단원	곱셈	분수
5단원	길이와 시간	들이와 무게
6단원	분수와 소수	자료의 정리

3학년 수학 교과서는 어떻게 구성되어 있을까?

3학년 수학 교과서는 아이들이 수학 개념을 쉽고 재미있게 이해하고, 스스로 생각하는 힘을 키울 수 있도록 체계적으로 구성되어 있다.

단원 도입

각 단원의 첫 페이지에는 단원 제목과 함께, 그 단원에서 배울 내용과 관련된 흥미로운 실생활 삽화가 제시된다. 이 그림을 보면서 아이들은 이번 단원에서는 어떤 내용을 배우게 될까 스스로 예측하고 궁금증을 갖게 된다.

개별 차시

각 단원은 2~3개 활동 중심의 차시로 구성되어 있다. 삽화와 함께 제시된 다양한 활동들을 따라 하다 보면 아이들은 자연스럽게 해당 단원의 핵심 개념과 원리를 스스로 깨닫게 된다.

생각 수학

해당 단원에서 배운 내용을 실생활이나 국어, 과학 등 다른 교과와 융합된 문제 상황 속에서 적용하여 해결하는 문제들을 다룬다. 단순히 계산 문제만 푸는 것이 아니라, 서술형으로 답을 쓰거나 직접 발표하는 형태로 진행되면서 아이들의 문제 해결력과 논리적 사고력을 키워준다. 시중 문제집으로 치면 '문제 해결의 길잡이'와 비슷한 구성이다.

얼마나 알고 있나요?

각 단원의 마지막 부분이다. 해당 단원의 모든 학습을 마무리하면서 아이들이 배운 개념과 원리를 제대로 이해했는지 스스로 점검하는 일종의 단원 평가다. 개념과 원리를 확실히 이해했다면 어렵지 않게 해결할 수 있으며, 이 부분의 성취도를 통해 아이가 해당 단원을 얼마나 잘 소화했는지 객관적으로 파악할 수 있다.

탐구 수학

각 단원의 말미에는 좀 더 심화된 내용인 탐구 수학 코너가 있다. 여기서는 다양한 문제 해결 방법을 탐구하는 실생활 관련 문제나, 높은 수준의 사고력을 요구하는 문제들이 제시된다. 시중 '사고력 수학' 교재의 문제와 유사한 형태다. 따라서 수학을 좋아하고, 좀 더 깊이 있는 사고를 즐기는 아이들일수록 이 부분을 아주 재미있어한다.

· 3장 ·

숫자 감각을 깨우는 '수와 연산' 완전 정복

3학년 수학의 '수와 연산' 영역에서는 10000까지의 수, 세 자리 수의 덧셈과 뺄셈, 곱셈, 나눗셈, 분수의 이해와 크기 비교, 소수의 이해와 크기 비교를 배우게 된다. 이 영역에서 가장 중요한 것은 위계성이다. 덧셈을 제대로 이해하지 못하면 뺄셈과 곱셈이 어렵고, 뺄셈과 곱셈 실력이 부족하면 나눗셈에서 좌절하기 쉽다. 학습 결손이 생기지 않도록 특히 주의해야 하는 단원이다.

1. 나눗셈

나눗셈은 사칙연산 중에서 가장 어렵고 복잡한 개념을 담고 있을 뿐만 아니라, 앞으로 배우게 될 분수, 비, 비율과도 긴밀하게 연결되어 있기 때문에 정확하게 이해하는 것이 매우 중요하다. 나눗셈은 크게 **포함제와 등분제** 두 가지 의미를 가지고 있다.

	등분제 나눗셈	포함제 나눗셈
의미	정해진 수의 묶음에 똑같이 나누어 줄 때, 한 묶음에 들어가는 크기 구하기 ⋯→ 똑같이 나누기(분수의 개념으로 연결)	주어진 대상이 나누는 수를 몇 번 포함하는지 구하기 ⋯→ 똑같이 묶어 덜어내기
예시	오렌지 10개를 2개의 접시에 똑같이 나누어 담으면 5개씩 담긴다.	오렌지 10개를 2개씩 묶으면 5번 덜어낼 수 있다.
수식	10÷2=5(10의 $\frac{1}{2}$은 5)	10÷2=5(10은 2를 5번 포함한다)
핵심 의미	10을 2등분하면 한 묶음이 5	10에 2가 5번 포함됨
연결 개념	분수 10÷2=5는 10의 $\frac{1}{2}$이 5임을 의미	뺄셈 10÷2=5는 10-2-2-2-2-2=0 (2를 5번 빼면 0이 됨)

집에서 아이가 등분제와 포함제 나눗셈을 쉽게 이해하도록 **구체적인 물건을 활용한 놀이**를 해보는 것을 추천한다. 방울토마토를 준비해서 12개를 4개의 그릇에 똑같이 나눠 담아보게 하면서 12÷4=3(등분제)을 설명하고, 12개의 방울토마토를 4개씩 묶어 몇 개의 묶음이 나오는지 세어보게 하면서 12÷4=3(포함제)을 설명하는 것이다.

핵심은 **몇 개씩 담을까?** 라고 물으면 등분제, **몇 묶음이 나올**

까?라고 물으면 포함제라는 것을 아이가 경험을 통해 자연스럽게 깨닫도록 돕는 것이다. 교과서에서도 12÷3=4와 같은 나눗셈식을 제시하고, 이를 등분제와 포함제 상황으로 모두 설명해보는 문제가 출제되니, 아이가 두 가지 의미를 정확히 이해하도록 지도하는 것이 중요하다.

참고로, 등분제와 포함제 나눗셈은 임용고시를 준비하는 교대생들도 헷갈려하는 어려운 개념이니, 엄마도 정확히 이해하고 아이에게 쉽게 설명해줄 수 있도록 노력해야 한다. 실생활에서는 똑같이 나눠주는 상황인 등분제 나눗셈이 더 자주 활용되지만, 포함제 나눗셈은 나중에 배우게 될 분수의 나눗셈을 이해하는 데 필수적인 개념이다. 예를 들어 $3 \div \frac{1}{2} = 6$을 등분제로 설명하기는 어렵지만, 포함제로 설명하면 '3 안에 $\frac{1}{2}$이 6번 들어간다'라고 쉽게 이해할 수 있다.

3학년 2학기에는 나머지가 있는 나눗셈을 배우는데, 이때 등분제 나눗셈 상황을 활용하여 나머지를 자연스럽게 분수 개념과 연결하여 설명할 수 있다. 예를 들어 "사과 7개를 너와 동생에게 똑같이 나눠주면 한 명당 3개씩 먹고 1개가 남네. 남은 1개를 똑같이 나누면 한 명당 반 개씩 더 먹을 수 있겠지? 반 개는 $\frac{1}{2}$이라고 해"와 같이 설명하는 식이다.

2. 나눗셈 알고리즘

나눗셈 알고리즘, 즉 나눗셈을 계산하는 방법은 아이들이 사칙연산 중에서 가장 어려워하는 부분이다. 다른 연산은 오른쪽부터 계산하지만 나눗셈은 왼쪽부터 시작하고, 나눗셈 구구뿐만 아니라 뺄셈과 곱셈도 함께 사용해야 하며, 어림수를 활용해야 하는 복잡한 과정이기 때문이다. 교과서에서는 주로 분배 알고리즘(흔히 사용하는 세로셈 방식)을 배우지만, 누감 알고리즘(전체 수를 나누는 수의 묶음으로 나누어 빼가는 방식)도 있다는 것을 알아두시면 아이의 이해를 돕는 데 도움이 될 수 있다.

누감 알고리즘은 $47 \div 3$을 계산한다고 할 때, 누감하는 방식이다. 47개 중에 30개를 3등분하여 10개씩 나눠주고, 나머지 17개 중에 15개를 3등분하여 5개씩 나눠준다. 그럼, 한 사람이 갖는 개수는 15개이고, 나머지는 2가 된다. 곱셈을 할 때 분배법칙을 이용하는 것과 비슷한 방식이다.

- 곱셈 : $47 \times 3 = (40+7) \times 3 = 40 \times 3 + 7 \times 3$
- 나눗셈 : $47 \div 3 = (30+15+2) \div 3 = (30 \div 3 + 15 \div 3) \cdots 2$

3. 초3-1 분수

초등학교 3학년 1학기 분수는 전체-부분의 의미, 즉 연속량(셀 수 없는 양)을 똑같이 나눈 부분으로 이해하는 것이 핵심이다. 키, 몸무게, 시간 등을 뜻하고, 수에서는 실수가 연속량의 성질을 가지고 있다. 3학년 1학기 과정에서는 교육과정 순서에 맞게 전체가 1인 연속량을 똑같이 나누는 등분할 개념으로만 분수를 설명해줘야 한다.

예를 들어 피자 한 판을 5조각으로 똑같이 나눴을 때 한 조각은 $\frac{1}{5}$이라고 쓰고 '5분의 1'이라고 읽는다. 이때 5는 전체를 나눈 조각 수(분모), 1은 그중 한 조각(분자)을 의미한다.

분수를 처음 설명할 때는 피자뿐만 아니라 직사각형과 같은 다양한 도형을 똑같이 나누어 분수로 나타내는 연습을 하는 것이 좋다. 아이들이 도형을 똑같이 나누는 것을 어려워하거나, 전체를 원으로만 생각하는 오류를 범할 수 있으니 다양한 예시를 보여주는 것이 중요하다. 또한 크기가 다른 도형이라도 똑같은 비율로 나눴다면 같은 분수를 나타낼 수 있다는 것도 이해시켜야 한다.

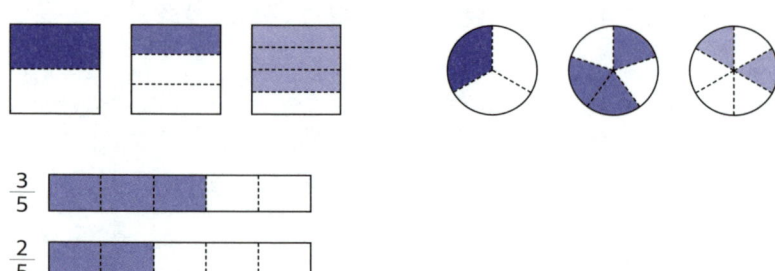

4. 초3-2 분수

초등학교 3학년 2학기 분수는 이산량(셀 수 있는 양)에 대한 분수를 다룬다. 이는 1학기 분수보다 아이들이 더 어려워하는 개념인데, 전체를 어떻게 묶느냐에 따라 같은 개수의 부분이 다른 분수로 표현될 수 있기 때문이다. 예를 들어 사과 12개를 2개씩 똑같이 묶으면 6묶음이 생긴다. 이때 2묶음은 $\frac{2}{6}$로 표현되고 사과는 4개가 된다. 사과 12개를 4개씩 똑같이 묶으면 3묶음이 생긴다. 이때 1묶음은 $\frac{1}{3}$로 표현되고 사과는 4개가 된다. 똑같은 사과 12개 중에 4개는 어떻게 묶느냐에 따라 $\frac{2}{6}$가 될 수도 있고 $\frac{1}{3}$이 될 수도 있다. 따라서 3학년 2학기 분수에서는 여러 가지 이산량을 등분할하는 활동을 해봄으로써 이산량 분수 개념의 기초를 형성해야 한다.

2학기 분수에서는 바둑돌과 같은 구체물을 활용하여 다양한 묶음 단위로 분수를 표현해보는 활동을 통해 이산량 분수 개념의 기초를 튼튼히 다져야 한다. 전체 묶음 수가 분모, 부분 묶음 수가 분자가 된다는 것을 명확히 이해시키고, 약분이나 크기가 같은 분수와 같은 선행 개념은 사용하지 않도록 주의해야 한다.

5. 등분제 나눗셈의 결과값인 분수

등분제 나눗셈의 결과값이 바로 분수라는 것을 이해할 수 있어야 한다. 사과 1개를 2명이 똑같이 나눠 먹으면 한 사람이 $\frac{1}{2}$개를 먹는 것이고, 사과 2개를 3명이 똑같이 나눠 먹으면 한 사람이 $\frac{2}{3}$개를 먹는다. 이처럼 나눗셈의 몫이 자연수로 딱 떨어지지 않는 경우, 분수를 사용하여 그 결과를 정확하게 나타낼 수 있다는 것을 아이들이 자연스럽게 받아들이도록 지도해야 한다.

만약에 사과 4개를 3명이 나눠 가지려면 어떻게 해야 할까? 일단 사과 1개씩 3명이 나눠가지고, 나머지 사과 1개를 3등분해서 한 조각씩 가지면 된다. 이것을 수식으로 나타내면 $4 \div 3 = 1 + \frac{1}{3} = \frac{4}{3}$가 된다.

사과 12개를 3명이 나누어 가질 때 $12 \div 3 = 4$와 같이 나누어 떨어지는 경우도 $12 \div 3 = \frac{12}{3}$와 같은 분수 형태로 나타낼 수 있다. 결국 모든 나눗셈의 결과값은 간단히 분수로 나타낼 수 있다. 이를 통해 분수와 나눗셈의 관계를 더욱 명확하게 이해하는 데 도움이 될 것이다.

· 4장 ·

공간 감각과 사고력을 키우는 '도형' 개념 잡기

도형 영역은 약속(정의)에서 출발해서 다양한 성질들이 줄줄이 따라 나오는 특별한 단원이다. 그래서 다른 영역보다 개념을 정확하게 이해하고 암기하는 것이 정말 중요하다. 특히 3학년은 구체적 조작기에 해당하기 때문에, 눈으로 보고 손으로 만지는 조작 체험 활동이 개념 이해에 아주 효과적이다. 직접 종이를 접어 각을 만들고, 자를 대고 선을 그어 도형을 만들어보는 경험은 아이들이 공식을 단순 암기하는 것이 아니라 원리와 함께 자연스럽게 개념을 깨닫도록 도와준다. 이렇게 조작 활동을 통해 배운 공식은 머릿속에 오래 남고 쉽게 잊어버리지 않게 된다.

1. 평면도형

평면도형 단원에서는 선분, 반직선, 직선, 각, 직각, 직각삼각형, 직사각형, 정사각형 이렇게 다양한 도형들의 이름과 특징(정의)을 배우게 된다. 각각의 이름과 생김새, 성격을 정확히 알아두어야 한다. 이때 중요한 것은 교과서에 나와 있는 정확한 용어와 정의를 익히도록 지도하는 것이다. 간혹 엄마가 알고 있는 조금 더 어려운 용어나 정의를 알려주는 경우가 있는데, 이는 아이에게 혼란을 줄 수 있고 아직 배우지 않은 선행 개념일 수도 있다.

예를 들어 직각의 경우, 나중에 각도를 배우면 '두 직선이 이루는 각이 90°인 각' 또는 '한 직선이 다른 직선과 만날 때, 이루어지는 이웃한 각이 서로 같을 때의 그 각'이라고 정의할 수 있지만, 아직 각도를 배우지 않은 초등학교 3학년 과정에서는 종이를 반듯하게 두 번 접어서 생기는 각이라고 정의한다. 따라서 엄마가 알고 있는 정의가 아니라, 교과서에 제시된 쉬운 정의로 설명해 주어야 아이가 혼란 없이 개념을 받아들일 수 있다.

- **직각** : 종이를 모양으로 반듯하게 두 번 접었을 때 생기는 각

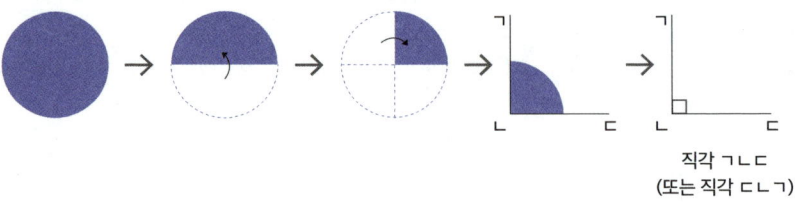

직각 ㄱㄴㄷ
(또는 직각 ㄷㄴㄱ)

각각의 도형 개념은 위계적인 순서를 가지고 있기 때문에, 설명할 때도 이 순서를 따르는 것이 효과적이다.

1) 선분, 반직선, 직선을 먼저 배우고
2) 반직선을 이용하여 각과 직각을 설명하고
3) 직각을 이용하여 직각삼각형과 직사각형을 설명하고
4) 마지막으로 직사각형의 개념을 이용하여 정사각형을 설명하는 순서다.

초등학교 교과서는 이러한 논리적인 순서에 맞춰 개념 설명을 체계적으로 제시하고 있으니, 교과서 순서대로 아이와 함께 꼼꼼히 살펴보아야 한다.

2. 원

원이라는 도형은 2학년 1학기 때 처음 등장하지만, 그때는 정확한 정의를 배우기보다는 동그란 모양이 무엇인지 눈으로 익히는 정도였다.

3학년에서는 원을 직접 그리는 활동을 통해 원의 의미를 좀 더 깊이 있게 이해하는 데 초점을 맞춘다. 컴퍼스를 이용하여 원을 그리면서 원 위의 모든 점은 한 점에서 같은 거리에 있다는 원의 가장 중요한 성질을 자연스럽게 깨닫게 된다. 이때 원의 중심과 반지름이라는 새로운 용어를 배우고, 하나의 원 안에는 무수히 많은 반지름이 있으며 그 길이는 모두 같다는 것을 알게 된다.

더 나아가, 원의 지름과 반지름 사이의 관계, 지름 = 반지름×2를 조작 활동을 통해 이해하게 된다. 이러한 경험은 나중에 6학년 때 배우게 될 원의 넓이 학습을 위한 중요한 준비 단계가 된다.

초등학교에서 배우는 원의 기본적인 성질들이다.
- 원 위의 모든 점은 중심에서 같은 거리에 있다.
- 반지름과 지름은 무수히 많다.
  원 안에는 무수히 많은 반지름과 지름을 그릴 수 있다.
- 지름의 반은 반지름이다.
  지름의 길이는 반지름 길이의 두 배다.
- 지름은 원의 중심을 기준으로 이등분된다.
  지름은 반드시 원의 중심을 지나며 원의 중심이 지름을 이등분한다.
- 지름은 원 위의 두 점을 잇는 선분 중 가장 길다.
- 원은 점대칭도형인 동시에 선대칭도형이다.
  원은 중심을 기준으로 180도 돌려도 똑같은 모양(점대칭도형)이고, 지름을 따라 접으면 완전히 겹쳐지는 모양(선대칭도형)이다.

이처럼 3학년 도형 영역은 단순히 도형의 이름만 외우는 것이 아니라, 직접 만지고 그리면서 도형의 개념과 성질을 몸으로 익히는 중요한 시기이다. 엄마는 다양한 조작 활동을 통해 아이가 도형과 친해지고 수학적 사고력을 키울 수 있도록 도울 수 있다.

· 5장 ·

생활 속 수학으로
'측정' 개념 쉽게 끝내기

초등학교 3학년이 되면, 이제 단순히 세고 더하는 것뿐만 아니라, 시간, 길이, 들이(부피), 무게를 재고 비교하는 측정의 세계를 배우게 된다. 측정 영역에서 가장 중요한 것은 각 단위를 정확히 알고, 여러 단위 사이의 관계를 이해하는 것이다. 예를 들어 1m가 몇 cm인지, 1L가 몇 mL인지 등을 알아야 문제를 풀 수 있다.

더불어 실생활에서 그 단위가 어느 정도의 양인지 감각적으로 익히는 것도 중요하다. 그래야 1m라는 길이가 어느 정도인지, 1L의 물이 얼마나 되는지 실제로 느낄 수 있고, 나중에 어림하거나 비교할 때 도움이 된다. 집에서 아이와 함께 1m 길이 재보기 놀이를 하거나, 1L 우유를 나눠 마셔보면서 양을 느껴보는 활동, 100m와 1km 거리를 직접 걸어보거나 뛰어보면서 길이 차이를 경험해보는 활동 등을 통해 측정 감각을 키울 수 있다.

1. 길이와 시간

길이와 시간 단원에서 아이들이 주의해야 할 몇 가지 핵심 포인트가 있다.

측정값은 '참값'이 아닌 '근삿값'

자나 저울로 무언가를 잴 때 얻는 값은 완벽하게 정확한 참값이 아니라, 우리가 사용한 도구나 측정 방법 때문에 약간의 오차가 있을 수 있는 측정값(근삿값)이라는 것을 이해시켜주어야 한다. 그래서 측정을 할 때는 어림(반올림, 올림, 버림)이라는 개념이 필요하다는 것도 함께 알려주면 좋다. 완벽하게 정확하게 잴 수 없기 때문에 대략적인 값을 사용하는 것이다.

'시각'과 '시간'의 차이

아이들이 헷갈려하는 시각과 시간의 개념을 명확하게 구분해주어야 한다. 시각은 시간의 특정한 한 지점을 의미한다. 우리가 시계를 보고 '지금 3시'라고 말할 때의 '3시'가 바로 시각이다. 즉 '언제'를 나타내는 개념이다.

반면 시간은 어떤 시각부터 다른 시각까지의 사이의 간격을 의미한다. 예를 들어 '아침 7시에 일어나서 8시에 학교에 갔다면, 학교 가는 데 걸린 시간은 1시간'이라고 할 때의 '1시간'이 바로 시간이다. 즉 '얼마 동안'을 나타내는 개념이다.

시간의 덧셈과 뺄셈 (60진법 이해)

시간 계산은 우리가 평소 사용하는 10진법이 아닌 60진법을 따르기 때문에, 받아올림과 받아내림이 있을 때 60을 기준으로 계산하는 방법을 정확히 익혀야 한다. 60진법은 고대 바빌로니아 사람들이 만들었다. 그들은 1년을 360일로 생각하고 태양과 비슷하게 생긴 원의 중심각을 360도라고 정했다. 이것을 6등분한 60을 단위수로 사용했는데, 60이 약수가 많은 수라서 시간이나 각도 계산 등에 편리하게 사용했다.

시계 문제, 실물 시계 활용

시계와 관련된 문제는 아이들이 어려워하는 부분이다. 실제 시계를 돌려보면서 시침과 분침이 어떻게 움직이는지 눈으로 확인하고, 시간을 읽고 쓰는 연습을 꾸준히 하는 것이 중요하다. '지금 3시 20분인데, 10분 뒤에는 몇 시 몇 분일까'와 같이 실물 시계를 움직여보면서 문제를 풀도록 도와주면 훨씬 이해하기 쉽다.

2. 들이와 무게

들이(부피)와 무게 단원에서는 각각의 단위를 배우고, 그 단위들 사이의 관계를 이해하는 것이 중요하다.

들이(부피)

물건이 차지하는 공간의 크기를 나타내는 단위로, 밀리리터(mL)와 리터(L)를 배운다. 1L가 1000mL라는 것을 정확히 알고, 우유팩이나 물병 등을 통해 1L와 100mL가 어느 정도 양인지 감각적으로 익히도록 도와줄 수 있다.

무게

물건의 무거운 정도를 나타내는 단위로, 그램(g), 킬로그램(kg), 톤(t)을 배운다. 1kg이 1000g, 1t이 1000kg이라는 관계를 이해하고, 과자 봉지나 책의 무게를 통해 1g, 100g, 1kg이 어느 정도인지 느껴보도록 하는 것이 좋다. 특히 무거운 물건을 다룰 때 사용하는 '톤'이라는 단위도 있다는 것을 알려주어야 한다.

들이와 무게는 다른 개념이지만, 물의 경우에는 1L가 약 1kg이라는 특별한 관계가 있다. 3학년 측정 영역에서 아이들이 특히 헷갈려하는 들이(부피)와 무게의 관계를 간단하게 정리하면 표와 같다.

들이의 단위(부피)	1L = 1000ml
무게의 단위	1t = 1000kg, 1kg = 1000g
상호 관계(물)	1L = 1000ml = 1kg = 1000g = 1000cm³

하지만 주의할 점, 물과 달리 다른 액체나 물건은 들이와 무게가 다를 수 있다는 것을 꼭 알려주어야 한다. 예를 들어 식용유 1L와 물 1L의 무게는 다르다.

측정 영역은 우리 생활과 아주 밀접하게 관련된 내용이므로, 아이가 단순한 계산 문제 풀이에서 벗어나 실제로 측정 도구를 사용해보고, 여러 가지 단위를 비교해보는 경험을 통해 자연스럽게 측정 감각을 키울 수 있다.

· 6장 ·

아이의 수학 약점을 극복하는 엄마표 수학 지도

우리 아이가 갑자기 3학년 수학을 어려워한다면, 엄마 마음도 답답하다. 어디서부터 막힌 걸까, 어떻게 도와줘야 할까 걱정이 된다. 아이가 3학년 수학에서 어려움을 겪는 원인을 꼼꼼히 진단하고, 엄마표 맞춤 해결책까지 찾아보자.

우리 아이 3학년 수학, 뭐가 문제일까? 4가지 체크포인트

아이가 3학년 수학을 힘들어할 때는 4가지 사항을 꼼꼼히 확인해 보아야 한다.

첫째, 수학의 위계적 특성, 이전 학년 점검 필수

수학은 계단과 같아서 앞 단계를 제대로 밟지 못하면 다음 단계로 올라가기 어렵다. 특히 3학년 수학에서 처음 배우는 나눗셈과 분수는 아이들이 어려워할 수 있다. 하지만 이 두 단원 외에도 다른 단원을 힘들어한다면, 1학년과 2학년 수학에 빈 곳이 있을 가능성이 100%이다. 곱셈을 어려워한다면 구구단 학습 상태를 점검하고, 전반적으로 힘들어한다면 이전 학년의 연산, 도형, 측정 개념들을 다시 한번 확인하고 부족한 부분을 채워주는 것이 먼저다.

둘째, 단순 암기 vs 원리 이해, 진짜 실력 확인

1~2학년 수학은 연산 비중이 높아서 아이들이 단순 계산 규칙만 외워서 잘하는 것처럼 보일 수 있다. 하지만 원리에 대한 정확한 이해 없이 암기만으로는 복잡한 개념이 등장하는 3학년 수학에서 어려움을 겪을 수 있다. 예를 들어 곱셈 구구를 단순히 외우는 것을 넘어, 똑같은 수를 여러 번 더하는 것이라는 동수누가의 개념을 제대로 이해하고 있는지 확인해야 한다.

셋째, 생각하는 힘 부족? 문장제 문제 풀이 능력 점검

단순히 계산 문제만 잘 푸는 것이 아니라, 문장제 문제를 읽고 문제의 의미를 정확히 파악하며, 풀이 방법을 스스로 생각해낼 수 있는지 확인해야 한다. 이를 통해 아이가 개념을 진정으로 이해하고 있는지 알 수 있다. 만약 문장제 문제를 어려워한다면, 3학년은 어떻게든 넘어가더라도 4학년 이후 수학 학습에 어려움을 겪을 가능성이 높다.

넷째, 자리의 중요성, 자릿값 개념 확실히 잡기

자릿값을 제대로 이해하지 못하면 덧셈과 뺄셈부터 막히는 경우가 많다. 평소 부루마블과 같은 보드게임을 통해 자연스럽게 자릿수와 세 자리 수의 덧셈, 뺄셈에 익숙해진다. 또한 수를 쪼개어 표현하는 연습을 통해 자릿값 개념을 확실히 다질 수 있다.

123 = 100 + 20 + 3
200 + 30 + 4 = 234

엄마 세대와 다르다!
초3 교과서 속 숨겨진 깊이

요즘 초등학교 교과서는 엄마 세대와 많이 다르다. 단순히 계산 문제만 나열된 것이 아니라, 개념에 대한 깊이 있는 이해와 사고력을 요구하는 문제들이 많이 등장한다.

예를 들어 3학년 1학기 나눗셈 단원의 생각 수학 문제는 등분제와 포함제 나눗셈의 개념을 정확히 이해하고, 이를 바탕으로 상황을 분석하고 설명할 수 있어야 풀 수 있다. 단순히 45÷9=5라는 답만 아는 것으로는 해결할 수 없다.

> 친구에게 클립 45개를 똑같이 나누어 주려고 합니다. 어떻게 나누어 주어야 할지 생각해 봅시다.
>
> | | 한 명에게 9개씩 줄 때 | 9명에게 똑같이 나누어 줄 때 |
> |---|---|---|
> | 구하려는 것 | | |
> | 나눗셈식 | | |
> | 몫 | | |
> | 몫이 나타내는 것 | | |

또한 3학년 1학기 곱셈 단원의 탐구 수학 문제는 복잡해 보이는 도형의 개수를 효율적인 방법으로 곱셈을 활용하여 구하고, 그 과정을 논리적으로 서술해야 한다. 단순히 눈으로 세는 것으로는 시간이 오래 걸리고 규칙을 발견하기 어렵다.

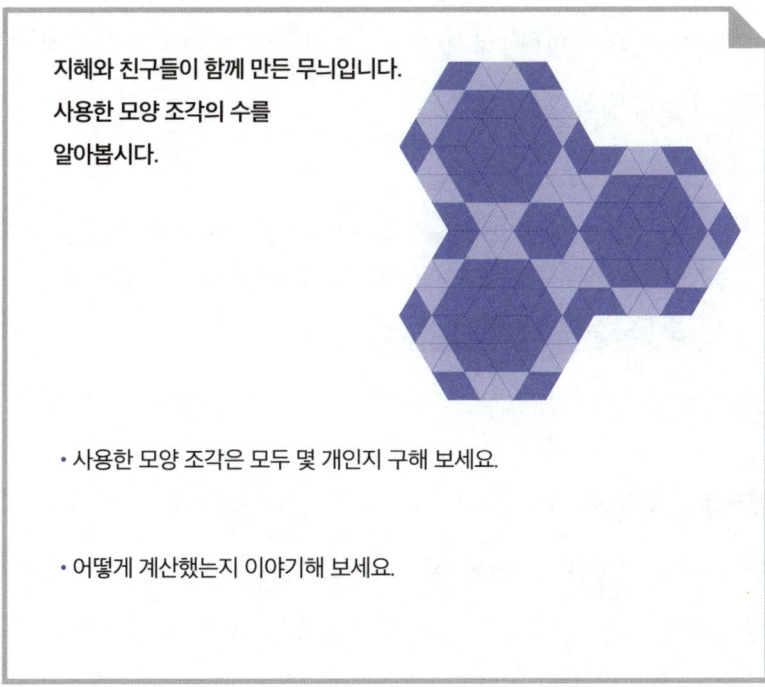

이처럼 요즘 교과서는 아이들에게 단순 암기나 계산 능력뿐만 아니라, 문제 해결 능력, 추론 능력, 의사소통 능력까지 키우도록 설계되어 있다. 따라서 엄마표로 수학을 지도할 때도 아이가 개념부터 문제 풀이 과정까지 말로 설명할 수 있도록 지도해야 한다.

문장제 문제,
차근차근 전략 세워 정복하기

많은 아이들이 문장제 문제를 어려워한다. 문제를 제대로 읽지 않거나, 읽어도 이해를 못 하거나, 이해해도 어떻게 풀어야 할지 막막해하는 경우가 많다. 하지만 체계적인 전략을 따르면 문장제 문제도 충분히 극복할 수 있다.

> 길이가 200㎝인 색 테이프 3장을 그림과 같이 같은 간격으로 이어 붙였습니다. 이은 전체의 길이가 500㎝일 때 겹쳐진 한 부분의 길이는 얼마입니까?

문장별 개요 작성

긴 문장제 문제를 한 번에 이해하려고 하면 내용을 놓치기 쉽다. 한 문장씩 읽고 이해되는 대로 핵심 내용을 간단하게 요약하는 연습을 한다.

> 200cm 색 테이프 3장
> 전체 길이 500cm
> 겹쳐진 부분의 길이는?

문제 해결 전략 세우기

개요를 바탕으로 어떤 개념을 사용해야 하고, 어떤 순서로 풀어야 할지 생각한다. 그림을 그리거나, 식을 세우는 방법을 떠올려본다.

> 색 테이프 3장, 겹쳐진 부분 2군데
> 전체 길이에서 겹쳐진 부분을 빼야 함
> (테이프 3개 길이 합) - (겹쳐진 부분 2개 길이 합) = 전체 길이

풀이 과정 차근차근 실행

세운 전략에 따라 계산 과정을 순서대로 꼼꼼하게 진행한다.

> 겹쳐진 부분의 길이를 □cm라고 놓으면
> 500 = 200×3 - □×2
> 500 = 600 - □×2
> 500 = 600 - 100 이용
> 600 - 100 = 600 - □×2
> 100 = □×2
> □ = 50cm

3학년 2학기 이산량 분수, 바둑돌로 쉽게 이해시키기

3학년 1학기 분수는 피자 나누기와 같이 하나의 전체를 똑같이 나누는 개념이라 아이들이 비교적 쉽게 이해한다. 하지만 3학년 2학기에 배우는 이산량 분수는 여러 개의 물건 중에서 몇 개를 분수로 나타내는 개념이라 조금 더 어렵게 느껴질 수 있다. 이때 중요한 것은 전체를 어떻게 묶느냐에 따라 같은 개수라도 분수 표현이 달라질 수 있다는 것을 이해시키는 것이다.

집에서 약수가 많은 바둑돌 12개를 활용하여 이렇게 지도해볼 수 있다.

바둑돌 개수에 해당하는 분수 구하기

개수가 아닌 묶음으로 푼다.

위와 같이 바둑돌 12개를 3등분 했을 때, 바둑돌 4개는 전체 3묶음 중의 1묶음이므로 $\frac{1}{3}$ 이고, 바둑돌 8개는 전체 3묶음 중의 2묶음이므로 $\frac{2}{3}$ 이다.

그러나 다음과 같이 바둑돌 12개를 묶으면 답이 달라진다.

위의 그림에서 바둑돌 4개는 전체 6묶음 중에 2묶음에 해당하므로 $\frac{2}{6}$이고, 바둑돌 8개는 전체 6묶음 중에 4묶음에 해당하므로 $\frac{4}{6}$이다.

분수에 해당하는 바둑돌 개수 구하기

분모에 해당하는 묶음을 만든다. 분자에 해당하는 묶음에 들어 있는 바둑돌의 개수를 구한다. 예를 들어 바둑돌 12개의 $\frac{1}{4}$을 묻는 문제면 분모가 4이므로 바둑돌을 똑같은 개수의 4묶음으로 나눈다. 4등분한다. 분자가 1이므로 1묶음에 들어있는 바둑돌의 개수를 구한다. 정답은 3개이다.

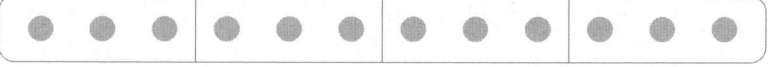

만약 12개의 $\frac{3}{4}$을 구하라는 문제면 분자가 3이므로 3묶음에 들어 있는 바둑돌의 개수를 구한다. 정답은 9개이다. 이렇게 묶음을 나누는 데 익숙해지면, 결국 묶음과 등분이 똑같다는 것을 알려준다. 예를 들어 24개 바둑돌의 $\frac{3}{8}$을 구하라는 문제는 분모가 8이므로 8

묶음로 나누어야 한다. 이것은 24개를 8등분하는 것과 같으므로 한 묶음이 24÷8=3(개)인 것을 알 수 있다. 분자가 3이므로 3묶음을 구해야 하므로 3개×3묶음=9개임을 알 수 있다. 주의해야 할 것은 선행 개념인 $24 \times \frac{3}{8} = 9$로 알려주지 않는다.

분수 문제 해결의 핵심, 전체와 부분의 관계 파악

분수 문제는 전체와 부분의 관계를 이해하는 것이 핵심이다.

전체에서 부분 구하기

전체에서 부분을 구할 때는 $\frac{1}{(전체)}$을 먼저 구한다. 예를 들어 30명의 $\frac{3}{5}$이 남학생이라면 남학생을 구하기 위해 30명의 $\frac{1}{5}$을 먼저 구한다. 30÷5=6이므로 30의 $\frac{1}{5}$은 6이다. $\frac{3}{5}$은 $\frac{1}{5}$의 3배이므로 6×3=18이다. 따라서 남학생은 18명이다.

부분에서 전체 구하기

반대로 부분에서 전체를 구할 때 역시 $\frac{1}{(전체)}$을 구하는 것이 핵심이다. 우리 반의 $\frac{2}{3}$가 18명일 때, 우리 반 전체 인원은 어떻게 구할까? 일단 우리 반의 $\frac{1}{3}$을 구한다. $\frac{2}{3}$가 18명이므로, $\frac{1}{3}$은 9명이 된다. 우리 반 학생의 $\frac{1}{3}$이 9명이므로 전체 학생은 27명이 된다.

하늬는 동화책을 읽고 있는데, 첫째 날은 전체의 $\frac{1}{3}$을 읽고, 둘째날은 나머지의 $\frac{2}{5}$를 읽었더니, 48쪽이 남았다. 동화책은 전체 몇 쪽인가?

🔓 Tip

항상 $\frac{1}{(전체)}$이 얼마인지부터 구한다.

🔓 풀이

나머지의 $\frac{3}{5}$이 48쪽이므로, 나머지의 $\frac{1}{5}$은 16쪽이다. 따라서 나머지는 16×5=80쪽이다. 동화책의 $\frac{2}{3}$가 80쪽이므로, $\frac{1}{3}$은 40쪽이다. 따라서 동화책은 전체 120쪽이다.

나머지의 $\frac{3}{5}$ = 48

나머지의 $\frac{1}{5}$ = 48 ÷ 3 = 16

나머지 = 나머지의 $\frac{5}{5}$ = 16 × 5 = 80 = 전체의 $\frac{2}{3}$

전체의 $\frac{1}{3}$ = 80 ÷ 2 = 40

전체 = 전체의 $\frac{3}{3}$ = 40 × 3 = 120

분수의 크기 비교,
그림과 모형으로 시각적으로

3학년에서는 분모가 같은 분수와 분자가 1인 단위 분수의 크기 비교를 배운다. 이때 통분이나 약분과 같은 선행 개념을 사용하지 않고, 그림을 그리거나 분수 모형을 활용하여 아이들이 시각적으로 분수의 크기를 비교하고 스스로 결론을 내리도록 유도한다.

분모가 같은 분수: 분자가 클수록 크다.

- $\frac{3}{5}$과 $\frac{2}{5}$의 크기 비교

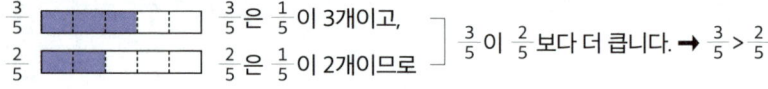

$\frac{3}{5}$은 $\frac{1}{5}$이 3개이고, $\frac{2}{5}$은 $\frac{1}{5}$이 2개이므로 $\frac{3}{5}$이 $\frac{2}{5}$보다 더 큽니다. → $\frac{3}{5}$ > $\frac{2}{5}$

> 분모가 같은 분수는 분자가 클수록 큽니다. ● > ▲ → ■ > ■

분자가 1인 단위 분수: 분모가 작을수록 크다.

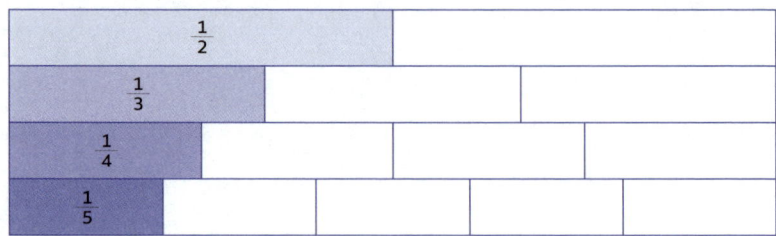

초등학교 3학년 수학은 이전 학년의 내용을 바탕으로 더욱 확장된 개념들을 배우는 중요한 시기이다. 엄마가 아이의 어려움을 정확히 진단하고, 아이의 눈높이에 맞는 다양한 방법으로 지도한다면, 우리 아이는 수학에 대한 자신감을 키우고 즐겁게 공부할 수 있게 될 것이다.

시크릿 가이드 · 07

초등 연산 교재 선택 가이드

초등 연산 문제집, 크게 3가지 스타일

순수 연산	기탄 연산, 기적의 계산법, <u>빨강 연산</u>, <u>디딤돌 연산</u>
교과 연산	빅터 연산, 쎈연산, 계산박사, <u>초능력 수학 연산</u>, <u>개념+연산</u>
사고력 연산	빅터 창의 융합 연산, <u>팩토 연산</u>, 상위권 연산, 소마셈, 원리셈

* 밑줄 친 연산 교재들을 개인적으로 추천한다. 추천의 이유는 양도 적당하고 편집도 괜찮기 때문이다.

- **순수 연산(반복 훈련 집중형):** 드릴처럼 덧셈, 뺄셈, 곱셈, 나눗셈 같은 기본적인 연산을 반복적으로 연습하는 데 초점을 맞춘 문제집이다. 학년이나 학기와 상관없이 연산 실력 자체를 키우는 데 좋다.

- **교과 연산**(학교 공부 연계형): 학교 교육 과정에 맞춰 학기별로 나오는 연산 문제집이다. 순수 연산처럼 연산 문제만 있는 게 아니라, 그 학기에 배우는 수학 개념과 관련된 문제들이 함께 들어 있다. 학교 공부와 연산을 함께 잡고 싶을 때 좋다.
- **사고력 연산**(원리 이해 & 응용력 UP): 단순 반복 연산에 '왜 그렇게 계산해야 하는지' 원리를 생각하게 하는 문제나, 연산 능력을 활용해서 푸는 응용 문제들이 섞여 있는 스타일이다. 그냥 계산만 하는 게 아니라, 수학적 사고력까지 함께 키우고 싶을 때 좋다.

어떤 연산 문제집을 골라야 할까

연산 문제집은 문제 양과 편집 스타일을 보고 선택하는 게 좋다. 이미 교과 수학 문제집에 연산 문제가 충분히 들어 있으니, 웬만하면 한 학기 과정을 한 권으로 끝낼 수 있는 연산 문제집이나, 사고력과 연산, 개념과 연산이 섞인 문제집을 추천한다.

학기별로 여러 종류의 연산 문제집을 한 번씩 써보면서 우리 아이에게 가장 잘 맞는 스타일을 찾는 것도 좋은 방법이다.

출판사별
연산 문제집 특징

- **쎈연산**: 문제 양이 아주 많고, 글씨가 작아서 아이들이 좀 지루해할 수 있지만 반복 훈련 효과는 확실해서, 수학이 약한 아이가 연산 실력을 잡는 데는 도움이 될 수 있다. 다만 아이가 쉽게 질릴 수 있으니 끈기와 인내심이 필요하다.
- **기탄 연산, 소마 연산, 기적의 계산법**: 문제 양이 적당해서 무난하게 풀릴 수 있다. 특히 소마 연산은 편집이 깔끔하고 보기 좋다.
- **천재교육**(빅터 연산, 빅터 창의 융합 연산, 계산 박사): 연산 문제집 종류가 다양하다. 빅터 연산은 일반 연산 문제집인데 편집이 괜찮고, 빅터 창의 융합 연산은 사고력과 연산을 함께 공부할 수 있다. 계산 박사는 학교 교육 과정에 맞춰 학기별로 나오고, 양이 적어서 간단하게 연산 연습하기에 좋다.
- **동아출판 초능력 수학 연산**: 글씨가 커서 시원시원하고 아이들이 덜 지루해한다. 복잡한 계산 연습보다는 처음 기본 개념 익히고 간단한 계산 연습시키는 데 좋아서, 연산이 많이 부족한 아이에게는 조금 아쉬울 수 있다.
- **시매쓰**(상위권 연산, 빨강 연산): 사고력 수학으로 유명한 시매쓰에서도 연산 문제집이 나온다. 상위권 연산은 사고력 문제와 연산 문제를 함께 풀면서 응용력까지 키울 수 있는 독특한 스타일이고, 빨강 연산은 기본적인 순수 연산 문제집이다.

- **혼합형 연산(팩토 연산, 개념+연산)**: 팩토에서 나온 사고력을 키우는 팩토 연산은 사고력과 연산을 함께 공부하는 형태이고, 비상교육의 개념+연산은 개념 학습과 연산 연습을 한 번에 끝낼 수 있도록 구성되어 있다.

아이의 학습 스타일, 연산 실력, 집중력 등을 고려해서 가장 잘 맞는 연산 문제집을 선택하여 꾸준히 즐겁게 연산 연습을 할 수 있도록 한다.

KI신서 13613
입시를 책임지는 초3 수학 캠프

1판 1쇄 발행 2025년 6월 25일
1판 4쇄 발행 2025년 7월 21일

지은이 류승재
펴낸이 김영곤
펴낸곳 (주)북이십일 21세기북스

인생명강팀장 윤서진 **인생명강팀** 박강민 유현기 황보주향 심세미 이현지
디자인 표지 어나더페이퍼 **본문** 푸른나무디자인
마케팅 이수진 이현주
영업팀 정지은 한충희 장철용 강경남 황성진 김도연
제작팀 이영민 권경민

출판등록 2000년 5월 6일 제406-2003-061호
주소 (10881) 경기도 파주시 회동길 201(문발동)
대표전화 031-955-2100 **팩스** 031-955-2151 **이메일** book21@book21.co.kr

ⓒ 류승재, 2025
ISBN 979-11-7357-323-1 (03370)

(주)북이십일 경계를 허무는 콘텐츠 리더

21세기북스 채널에서 도서 정보와 다양한 영상자료, 이벤트를 만나세요!
페이스북 facebook.com/jiinpill21 포스트 post.naver.com/21c_editors
인스타그램 instagram.com/jiinpill21 홈페이지 www.book21.com
유튜브 youtube.com/book21pub

서울대 가지 않아도 들을 수 있는 명강의! 〈서가명강〉
'서가명강'에서는 〈서가명강〉과 〈인생명강〉을 함께 만날 수 있습니다.
유튜브, 네이버, 팟캐스트에서 '서가명강'을 검색해보세요!

책값은 뒤표지에 있습니다.
이 책 내용의 일부 또는 전부를 재사용하려면 반드시 (주)북이십일의 동의를 얻어야 합니다.
잘못 만들어진 책은 구입하신 서점에서 교환해드립니다.

사랑하는 내 아이의 평생이 바뀌는 '본질육아'

세상에서 가장 쉬운 본질육아
삶의 근본을 보여주는 부모,
삶을 스스로 개척하는 아이
지나영 저 | 284쪽 | 18,800원

**한국인 최초, 존스홉킨스 소아정신과
지나영 교수가 전하는 궁극의 육아법!
〈세바시〉〈신사임당〉〈EBS부모클래스〉 화제의 명강**

대한민국 부모들에게 육아 문화의 새 지평을 열어준 한국인 최초 존스홉킨스 소아정신과 지나영 교수의 첫 육아서다. 이 책은 삶을 스스로 개척하는 내면이 단단한 아이로 키우는 '본질육아법'을 소개한다. 왜 열심히 아이를 키우고 있는데도 불안한지, 왜 잘못된 방향인 줄 알면서도 남들 하는 대로 따라 하는지, 왜 공든 육아가 한순간에 무너져내리는지, 대한민국 부모들의 육아 고충을 근본적으로 해결해 줄 명쾌한 해법과 쉬운 실천법을 담았다.

PYGMALION

'피그말리온'은 국내외 최신 교육 지식과 본질적 방법론을 엄선하여 부모를 위한 지혜와 아이의 미래를 내다보는 인사이트를 제공합니다.

- 천 번을 흔들리며 아이는 어른이 됩니다
- 스스로 결정하는 아이
- 세상에서 가장 쉬운 본질육아
- 공부가 아이의 길이 되려면
- 0~3세 기적의 뇌과학 육아
- 메타인지 학습법
- 임포스터
- 딸은 세상의 중심으로 키워라
- 작은 소리로 아들을 위대하게 키우는 법
- 육아 효능감을 높이는 과학 육아 57
- 이런 공부법은 처음이야
- 이런 진로는 처음이야
- 14살의 말 공부
- 이서윤의 초등생활 처방전 365
- 7~9세 독립보다 중요한 것은 없습니다
- 어린이 첫 사회성 사전
- 엄마의 말·잘·법
- 입시를 책임지는 초3 수학 캠프